ROMEON
VERLAG

Eine „WhatsApp-Geschichte“ – Ü60, Teil 1
1. Auflage, erschienen 12-2023

Umschlaggestaltung: ROMEON Verlag
Text: Sybille P. Pastaw
Layout: Romeon Verlag

www.romeon-verlag.de

Bibliografische Information der Deutschen Nationalbibliothek:
Die Deutsche Nationalbibliothek verzeichnet diese Publikation in der Deutschen Nationalbibliografie; detaillierte bibliografische Daten sind im Internet über *https://portal.dnb.de* abrufbar.

Sybille P. Pastaw

Eine „WhatsApp-Geschichte“ – Ü60

Ich liebe ein Phantom
Teil 1

Inhalt

Vorwort
Ich - weiblich - Ü60

Bei meinem letzten Arztbesuch meinte Frau Dr. mit durchaus ernster Miene, dass ich ja auch zu den Senioren in ihrer Praxis gehöre und für mich einige Impfungen Ü60 interessant wären …

Oh … ich gehöre zu den Senioren!

Was sagt denn Google zum Thema Ü60?
Ü60 – Altersgrenze zum Senior … 60-75 Jahre sind „ältere Menschen“ … 75-90 Jahre sind „alte Menschen“, darunter gelten 75- bis 80-Jährige als „betagt“… 90-100 Jahre sind „sehr alte Menschen“ und mit Ü100 gilt man als „langlebig“.

Es folgen Eintragungen zu den Themen: Seniorentreff – Party – Sprüche – Reisen – Witze – Mode – Messe.
Bei den ersten 30 Einträgen zu Ü60 trumpft Google mit Partnervermittlung … Liebe Ü60 … OnlinedatingÜ60 … Partnersuche – noch mal neu verlieben … Seniorentreff und Ähnlichem auf. Danach folgen empfohlene Impfungen Ü60 und Sportvereine Ü60.
Schon verrückt, wofür sich „ältere“ Menschen interessieren sollten!

Was lerne ich daraus?
Senioren sind nicht alt, sondern nur älter als …

Fakt ist eines … ich bin Ü60 und fühle mich nicht anders als Ü50, Ü40 …

Mein Herz ist noch dasselbe und ich bin zu großen Empfindungen fähig. Ich habe Sehnsüchte und Wünsche und

alt fühle ich mich überhaupt nicht.
Und wenn da schon mal ein neuer Markt „Partnersuche Ü60“ entstanden ist, dann stürze ich mich da rein …

Gesagt, getan!!!

Ich habe viele interessante, spannende, hochemotionale, prickelnde und nicht so prickelnde Dinge erlebt. Ich habe ein Stückchen Herz verloren, mich geschüttelt und bin wieder aufgestanden.
Auch Senioren können glücklich sein, lieben und weinen. Das Verrückte an der Sache ist, das alles kann heutzutage über Whatsapp laufen.
Ich habe es erlebt und beschlossen, die vergangenen vier spannenden, intensiven Monate meines Seniorendaseins aufzuschreiben.
Ich schreibe ein Buch …

… und erzähle die Geschichte von einem lieben, tollen Mann und mir.

Für E.

Den Mann,

den ich nie kennenlernen durfte,

aber dennoch das Gefühl habe,
ihn zu kennen …

Ich danke …

… meinen Eltern, meinen Schwestern, meiner Grundschullehrerin, meinen Kindern und Enkeln, meinem Gesangslehrer von damals, meiner besten Freundin Bettina, der Kassiererin bei Netto, meiner Kosmetikerin, meinen Whatsapp-Followern, all meinen ehemaligen Kommilitonen, den Menschen, die mir über den Weg gelaufen sind, meinen Nachbarn – außer der Streitsüchtigen. Ich danke nicht meinen beiden Ex-Männern, aber

ich danke **E.** *–*

diesem tollen Mann, der mir in den vergangenen Monaten Erfahrungen beschert hat, die es wert sind, aufgeschrieben zu werden.

Danke!

Einleitung

Ich schreibe ein Buch …

Ich besitze ein Buch mit dem Titel: „Jeder kann zeichnen“. Seit ich dieses Buch gekauft hatte, male ich wieder und gar nicht so schlecht, behauptet man.
Und schon habe ich einen Plan.

Buch bestellen! Online werde ich fündig:

„*Schreiben kann jeder! Ein Ratgeber für alle, die schreiben wollen*“ … Lieferung übermorgen;

„*Schreib dein bestes Buch: Der Planer für Autoren*“. Das passt. Muss ja das beste Buch werden, habe ja noch keines geschrieben;

„*Ich kann Sätze schreiben*“ … für die 1. und 2. Klasse … und vieles mehr.

Dann schaut sich dieser Onlinelieferant meinen Browserverlauf an und empfiehlt:
„*Loslassen – Wie ich mich von Ballast befreie*“

„*Waldküche*“

„*Ernte an Wegen, Wiesen und Wäldern*“

„*Ein Buch schreiben – Der ultimative Ratgeber zum Schreiben*“

„*Wortschatz erweitern*“

Und jetzt kommt es: **Ich** habe mit meinem Browserverlauf

einen Onlinevertrieb inspiriert:
„Deinen ersten Roman schreiben“

„Mein Buchplaner“ – Buch planen und veröffentlichen

„Ein Buch schreiben und Autor werden“

„Schriftsteller werden“

„Schreib dein nächstes Buch“

„Essbare Wildpflanzen“

Puh! So viele Bücher! Ich wollte nicht lesen, sondern schreiben.

Also: Ich bestelle jetzt das Buch ***„Schreiben kann jeder“.*** Dieses lege ich neben meine Notizen auf den Schreibtisch, blicke immer mal wieder darauf und sage mir: „Sybille, du kannst es … kann doch jeder!“ 😉

Oder: Ich bestelle das Buch ***„Ein Roman in 60 Tagen“***, denn ich will mich ja nicht ewig damit aufhalten. Außerdem lerne ich mit diesem Buch, wie ich in 60 kleinen Häppchen eine Idee ausarbeite, einen Roman **plotte**, Figuren entwickle (also lieber Hartmut, dann werde ich dich entwickeln!) usw.

Was soll`s, ich bestelle beide Bücher und bis die Lieferung ankommt, **plotte** ich.

Ich möchte auch keine Ratgeber lesen, sondern einfach schreiben. Ich werde schreiben, was ich erlebt habe und was mein Herz mir diktiert …

Kapitel 1
Partnersuche Ü60 - moderne Senioren suchen online

Lange 25 Jahre habe ich meinen Mann geliebt, für ihn gelebt, gearbeitet und mich zurückgenommen. Jetzt bin ich in mein eigenes Leben geflohen und habe tiefe Wunden in meinem Herzen und Kratzer auf meiner Seele mitgenommen. Aber ich bin immer noch ich …
… die Frau, die aufsteht, sich schüttelt und nach vorne sehen kann.

… die Frau, die neugierig auf das Leben ist und Neuem entgegenlächelt.
… die Frau mit dem großen Herzen, in dem auch wieder Platz für eine neue Liebe ist.

Deshalb stürze ich mich in die Partnersuche Ü60, suche mir ein Onlineportal und schaue mal, was die Senioren-Männerwelt für mich bereithält.

Hallo, ihr Männer zwischen 60 und 65, vielleicht findet mich ja jemand, der auch wieder an ein „Gemeinsam" denkt. Ich bin nicht dumm, manchmal ein bisschen frech, aber mit einem sehr großen Herzen, in dem neben meinen Kindern und Enkeln auch noch ein Platz für dich frei wäre.

Ich suche jemanden, mit dem ich meine Gefühle, Gedanken und auch meine Zeit teilen möchte.
Ich habe viele Hobbys, Interessen, bin offen für Neues und kann auch das eine oder andere. Mit mir wird es bestimmt nicht langweilig.
Was ich nicht bin, ist ein Model, denn mit 63 darf man schon mal was auf den Rippen haben. Wer damit ein Prob-

lem hat, braucht gar nicht zu schreiben, denn so was hatte ich gerade erst. Übrigens mag ich auch keine dünnen Männer. Ein bisschen Bauch wäre schon in Ordnung.
Ich freue mich darauf, jemanden kennenzulernen, der mich mögen könnte, der sich auch gern in der Natur bewegt und der das Lachen noch nicht verlernt hat.
Ach, und bevor du fragst: Die roten Haare sind nicht ganz echt (die Haare schon, die Farbe nicht). In meinem Alter darf man graue Haare auch anstreichen. ☺
Jetzt noch die Fragen beantworten.

Sybille … 63 Jahre … aus Wittenberg … 159 cm klein … rauche nicht … suche eine ernsthafte Beziehung.
Meine Superkraft … verrate ich nicht, ich brauche ja noch eine Geheimwaffe, um dich zu verzaubern.
Wenn ich eine Stunde mehr Zeit am Tag hätte … dann müsste ich ja alle meine Uhren wegwerfen … die können nur bis 24 zählen. 😉😉

Mein Traumurlaub ist … mit *einem* Mann, mit dem ich Spaß haben kann.
Diese Dinge nehme ich überallhin mit … *meinen* Humor und *meinen* Charme.
Was sind das nur für Fragen???

Noch 15 Hobbys anklicken, ein paar Kriterien auswählen, welchen Mann ich suche, und ein paar Bilder von mir, denn ich habe nichts zu verbergen:
Sybille lacht, Sybille mit Sonnenbrille, Sybille mit selbst gekochter Marmelade, Sybille ausgehfertig und ein Steinpilz vom letzten Herbst.

Fertig!

So, ihr Männer, jetzt dürft ihr mich anschreiben, und bis da was passiert, schaue ich doch auch mal, wer sich auf diesem

Portal verewigt hat.

Da wären:

Peter … ganz schön groß und raucht

Michael … sieht lieb aus, aber wohnt so weit weg

Andreas … mag Disco und klassische Musik, aber möchte nur neue Leute kennenlernen. Ich suche schon eine ernsthafte Beziehung.

Gerd … schreibt: „Wer mich findet, darf mich behalten." Oje, wie lange wartest du denn schon darauf, dass du gefunden wirst?
Jetzt muss ich die Suche eingrenzen:

60-65 Jahre, weniger als 100 km entfernt, 1,70 bis 1,85 m groß, 80-100 kg, möchte eine ernsthafte Beziehung, raucht nicht oder nur gelegentlich

Circa 100 Treffer. Viele suchen eine große, schlanke Frau mit langen, blonden Haaren. Andere suchen „Zärtlichkeit und Nähe", mit 63 Jahren ist man für viele schon zu alt, der eine oder andere hat seine Jugendfotos wieder gefunden und ins Profil gestellt, und es gibt natürlich auch ehrliche Männer, denen ich sicher gefallen würde. Es muss aber auch auf Gegenseitigkeit beruhen.
Und dann finde ich **Arne** …

Mich schaut ein Nordmann mit 3-Tage-Bart und klaren blauen Augen an.
80 km entfernt, 63 Jahre alt, sucht eine ernste Beziehung, Größe, Figur, Aussehen – stimmt alles und sein Text haut mich um:

Zweisamkeit ist immer auch der Freiraum, den jeder braucht. Ich suche eine starke, selbstbewusste Frau, die sich auch einmal anlehnen möchte. Sie darf mal Prinzessin sein und auch mal schmutzige Hände haben. Darf, wie jeder, Ecken, Kanten und Fehler haben.
Wir sind alle fertige Menschen. Über die Macken des Partners schmunzeln und lachen können. Einschlafen und aufwachen mit einem Lächeln.

Hummer und auch Nudelsuppe Dafür gibt es:

Einen nicht immer normalen Kerl, der das Leben liebt und der nicht der Nabel der Welt ist, aber Selbstbewusstsein ohne Ende hat und ehrlich ist, auch wenn es wehtut.
Ich liebe das Gebrüll der Vögel am Morgen und das Aufwachen der Welt, den Geruch von Gehwegplatten nach einem Sommerregen, das Knirschen von kaltem Schnee.
Kalter Po an warmen Bauch beim Einschlafen. Das liebe Gesicht beim Aufwachen, ungeschminkt und zerzauste Haare.

Nicht weniger. Dazu bin ich schon zu alt.

PS: Das letzte Foto ist das neueste, keines älter als ein Jahr.

Es folgen Arne mit Hut, Arne beim Angeln mit Fisch, Arne mit Hund, der Wandersmann Arne, Selfie Arne im Urlaub, der seriöse Geschäftsmann Arne ohne Bart …
Sein Traumurlaub ist … Skandinavien, immer und immer wieder

Seine Superkraft … i*ch resigniere nie!*

Diese Dinge nehme ich überallhin mit … *Brille. Sonst ist es zu verschwommen und ich liebe Klarheit.*

Verrückt!!! Ich glaube, er sucht mich.

Ehe ich lange warte, bis Arne mich findet, werde ich mich bemerkbar machen. Dafür gibt es ja diesen Chat.

7. März

Sybille: Hallo, Arne, du hast ja tolle Dinge auf dein Profil geschrieben. Ich mag Hummer und auch Nudelsuppe. Wenn die Bilder wirklich echt sind, könntest du mir gefallen. LG von Sybille

Und schon kommt eine Antwort. Das ging schnell. Er muss auf mich gewartet haben.

Arne: Hallo, Sybille. Ja, die Bilder sind echt und was auf deinem Profil zu sehen ist, gefällt mir auch sehr. LG Arne

Sybille: Mir gefällt, dass du zu den Anglern gehörst. Ich schätze mal, der Fisch auf dem Foto ist ein Leng und du warst in Norwegen zum Fischen. Toller Fang! Ich fahre auch ganz gern mal angeln. Macht mir allein aber keinen Spaß. Da warte ich, bis mich mein Sohn und meine Enkel mal mitnehmen. Ansonsten liebe ich den Norden. In Norwegen war ich schon 2-mal zum Fischen. Aber auch in Finnland, Irland, Island, Schottland hat es mir gefallen. Ich mag die Wärme einfach nicht so.

Arne: Skandinavien ist mein Paradies. Fahre 2- bis 3-mal im Jahr dorthin. Die Wärme ist auch nichts für mich.

Sybille: Alles, was mit Wasser zu tun hat, mag ich auch sehr. Ich hab vor drei Jahren noch alle Bootsführerscheine gemacht ... zur See und Binnen unter Motor und unter Segel. Und weil ich nun schon mal im Lernmodus war, habe ich gleich auch noch meinen Fischereischein gemacht. Man weiß ja nie, wofür man das noch braucht.

Arne: In Skandinavien braucht man weder das eine noch das andere. Obwohl ich so einen Schein auch habe.
Sybille: Hast du auch Kinder?

Arne: Ja, 3 eigene und 2 angeheiratete, alle erwachsen, und insgesamt 6 Enkel.

Sybille: Na, da hast du ja dein tun. Ich habe 2 + 2, auch erwachsen, und 3 + 2 Enkel.
Was machst du denn beruflich, wenn du am Tage Zeit hast, mit mir zu chatten?

Arne: Ich bin selbstständig, habe eine Firma und mein Handy liegt neben mir auf dem Schreibtisch, bin damit online und beobachte, ob mir die hübsche Rothaarige schreibt. Und du, musst du nicht arbeiten?

Sybille: Doch. Ich bin unterwegs und schaue immer zwischendurch aufs Handy, um zu sehen, ob ich Post von Arne habe. Ich arbeite im Pharmaaußendienst und habe dann schon immer mal einen Moment Zeit zwischen den Terminen. Muss jetzt aber weiter. Bis bald.

Arne: Bis später.

Das ging ja einfach … Es war sicher ein Zufall, dass Arne auch gerade auf der Plattform war, um seine vielen Nachrichten zu checken. Wer weiß, mit wie vielen er noch schreibt. Das muss ich unbedingt erfragen.
Heute Nachmittag oder Abend schaue ich wieder rein und werde sehen, ob er sich noch mal gemeldet hat.
19.15 Uhr

Mein Tagewerk ist getan. Büroarbeit erledigt. Abendbrot zubereitet. Heute habe ich echt mal Appetit. Mich lacht eine Röstschnitte mit Spiegelei an, angerichtet mit Mini-

tomaten und Gurkenscheiben. Dazu gibt es ein Glas Tomatensaft und eine Tasse meines Lieblingstees: Persischer Granatapfel … Ab auf die Couch und Handy in den Onlinemodus versetzen!
Und schon sehe ich auf diesem Dating Portal die Anzeige: Ich habe vier neue Nachrichten.
Zwei Personen laden mich zum Gespräch ein.

Ich-bin-noch-zu-haben59 schreibt: „Hallo, du!"

Jack, 29 Jahre, aus Hamburg, schreibt: „Du hast ein wunderschönes Lächeln."

Aha, was soll ich dazu sagen?

Und dann finde ich **Arne** wieder. Es sind inzwischen zwei Nachrichten von ihm gekommen.

Arne: Na du. Hast du schon Feierabend? Wir können gerne noch ein bisschen schreiben. Ich finde dein Lächeln sehr anziehend.

… Und weiter …

Da gibt es noch ein kleines Problem. Du suchst einen Nichtraucher. Ich rauche gelegentlich mal eine Zigarette, aber nur die ganz leichten, meine Lunge wird es mir danken.

Sybille: Hallo, Arne, jetzt habe ich Feierabend, sitze auf der Couch und freue mich darüber, dass du wieder geschrieben hast. Zum Thema Rauchen: Ich war jahrelang eine starke Raucherin und meine Lunge hat es mir nicht gedankt. Mich stört es aber nicht mehr, wenn jemand in meiner Gegenwart raucht. Er muss ja nicht im Bett rauchen oder mir den Qualm ins Gesicht blasen. Meine Gäste wissen, dass man bei mir zum Rauchen vor die Tür gehen sollte. Dann ist das für mich in Ordnung.

Arne: Ich gehe zum Rauchen auch vor die Tür, definitiv. Dann haben wir das ja geklärt.
Und wie war dein Tag heute?

Sybille: Das ist aber aufmerksam von dir, dass du dich danach erkundigst. Ich hatte einen fast normalen Außendiensttag, wenn ich da nicht noch einen interessanten Mann namens Arne kennengelernt hätte.😄😄😄

Ich glaube, dieser Mann könnte mir gefallen. Er liebt den Norden, geht gerne angeln, bewegt sich gern in der Natur, hat Kinder und Enkel, ist bestimmt ein Familienmensch und ich glaube, bei ihm darf man sein, wie man ist. Ihn würde es nicht einmal stören, wenn morgens meine Haare in alle Richtungen abstehen.

Arne: ☺ Ich mag es natürlich, wir sind, wie wir sind, und entweder es passt oder nicht. Du scheinst ja auch recht locker zu sein, wenn ich dich auf den Bildern so sehe.

Sybille: Richtig, ich mag keine Langweiler und bin selbst für fast jeden Spaß zu haben. Ich lache für mein Leben gerne.
So, lieber Arne, ich verabschiede mich für heute. Muss morgen früh raus. Freue mich, wenn wir morgen wieder voneinander hören. ☺
Gute Nacht. LG von Sybille

Arne: Muss morgen auch zeitig raus. Schlaf schön. Bis morgen. LG
☺

8. März

Ich habe erstaunlich gut geschlafen. Normalerweise, oder besser „unnormalerweise“, kann ich abends nicht einschlafen, werde im 2-Stunden-Rhythmus wach und fühle mich morgens wie gerädert. So geht es mir seit vielen Jahren. Seit ich im letzten Jahr vor meinem zukünftigen Ex-Ehemann flüchten musste, weil ich seine Betrügereien, Kränkungen und Erniedrigungen nicht mehr ertragen konnte, stellte sich auch keine Besserung ein. Auch nicht hier in meinem neuen Zuhause.
Heute bin ich ausgeruht und neugierig auf den neuen Tag. Vielleicht wird es ja ein „Arne-Tag“. Ich lasse mich überraschen.
Mein Tag beginnt wie immer mit einem Pott Kaffee, einem Joghurt und dem Wetterbericht von meinem Lieblingswettermann.
Jetzt schalte ich das Handy an, gehe auf das Dating Portal und … eine Gesprächseinladung von

Andres: „Hallo, Sybille ☺ Me gustaría ver a una mujer segura de si misma a mi lado …“

Das kommt mir aber spanisch vor, und richtig … Andres aus Madrid hat mir geschrieben und ich weiß nicht einmal, was das heißt. Du siehst aus wie ein netter Kerl. Sorry, da drücke ich auf „löschen“.

Zurück auf der Seite „Meine Nachrichten“ sehe ich schon, dass Arne geschrieben hat. Na, du Frühaufsteher, da warst du schneller als ich!

Arne: Guten Morgen, Sybille, ich wünsche dir einen schönen Internationalen Frauentag.

Da hat er mich aber überrascht. Alte DDR-Schule. Damals

in unserem Betrieb gab es zum 8. März für die Frauen eine Kunststoffblume zum Anstecken und die wenigen Herren der Schöpfung haben den Frauen Kaffee eingegossen. Wir waren ein sehr frauendominierter Betrieb. Und wer gute Beziehungen zu dem Gewächshaus-Personal in Piesteritz hatte, konnte seine Frau auch schon mal mit Freesien überraschen.
Da muss ich mir gleich die Bilder von Arne noch einmal ansehen. Wer ist dieser Mann?

Der Nordmann Arne mit klaren, strahlenden, blauen Augen und Hut, der Angler mit seinem imponierenden Fang, der Wandersmann mit einem spitzbübischen Lächeln und der ernste Geschäftsmann ohne Bart. Auf jedem Bild sieht er anders aus. Ein interessanter Mann.

Sybille: Guten Morgen, Arne, ich danke dir für die lieben Wünsche zum Frauentag, daran denken heutzutage nur noch die wenigsten. Habe mich darüber sehr gefreut. Musste gleich noch mal auf deinem Profil gucken, wer da so aufmerksam ist. Deine Bilder zeigen schon, wie vielseitig du sein kannst. Meine Favoriten sind „Arne mit Hut" und der „Wandersmann". Auf einem Bild wirkst du sehr ernst, seriös und bist frisch rasiert. Sicher war das ein geschäftlicher Anlass.

Arne: Ja, die meisten Bilder sind aus meinen Urlauben in Skandinavien. Das Bild ohne Bart war anlässlich einer Familienfeier. Und einmal im Jahr muss der Bart auch ab.

Sybille: Wer ist denn der Hund an deiner Seite? Ein sehr schönes Tier. Ich möchte noch so viel über dich erfahren und du darfst mich natürlich auch fragen, was du gerne wissen möchtest. Jetzt muss ich aber erst mal los. Die Arbeit ruft!

Arne: Habe auch zu tun. Hast du Whatsapp? Wenn du nichts dagegen hast, schicke ich dir meine Nr. Dann können wir dort weiterschreiben. Ist einfacher. Ich würde auch gern mit dir telefonieren.

Sybille: Natürlich habe ich Whatsapp. So machen wir das. Ich melde mich dann bei dir. LG Sybille

Kapitel 2
So einfach geht Whatsapp!

Ich danke meinen Enkelkindern …

… dafür, dass sie über einen langen Zeitraum immer wieder Überzeugungsarbeit geleistet und mir die Vorteile von Whatsapp nahegebracht haben.
„Oma, installier dir doch mal Whatsapp. Das ist ganz einfach.“ Ich glaube schon, dass das nicht schwierig ist und ich das durchaus könnte. Aber warum?
„Dann können wir dir viel öfter schreiben!“ Ihr lieben Kinder, ihr könnt mir auch so schreiben. Ich habe drei verschiedene E-Mail-Adressen und es gibt noch die altmodische Art per Post.
„Für schnelle Nachrichten ist es aber super.“ Da gibt es SMS.

„So bekommst du immer gleich aktuelle Bilder.“ Kann man auch an eine E-Mail hängen. Ich habe zwei Handys und drei Computer privat und dienstlich und alle muss ich täglich checken. Das nun auch noch? Ich bin ja nur am Checken, Checken, Checken … Das kann nicht gesund sein!

Mein Enkel Leo hat nicht lange gefackelt und mir einfach mitgeteilt:
„Oma, ich hab dir jetzt mal Whatsapp auf dein Handy geladen und dir gleich was geschickt.“
Ooooh. Aber eigentlich doch ganz schön. Seit diesem Tag gehöre ich zu den modernen Senioren, die Whatsapp nutzen. Hat mir auch schon gute Dienste geleistet und man ist sehr schnell mit vielen Menschen verbunden und kann das eine oder andere teilen.
Und jetzt hilft mir Whatsapp auch noch bei der Partnersuche.

[8.3., 12:08] Sybille: Hallo, Arne, hier ist Sybille. Nun hast du auch meine Nummer. Gern können wir telefonieren. Ich weiß nicht, wann es dir passt. Bin ab 15.00 Uhr zu Hause, koch mir dann einen Kaffee und muss auch nicht noch mal los. Freue mich auf einen Anruf heute Nachmittag oder Abend. Bin schon sehr auf deine Stimme gespannt. Und du wirst dann auch merken, woher ich eigentlich stamme. Jedenfalls nicht aus Sachsen-Anhalt, wo ich die letzten 40 Jahre meines Lebens verbracht habe. LG Sybille

[8.3., 13:02] Arne: Sehr schön! Bin gerade vom Essen zurück. 🙂 Du kannst ja nur aus dem Süden, Berlin oder dem Norden der DDR stammen. Bin mal gespannt ... so aufgeweckt, wie du bist, tippe ich auf den Berliner Raum. 🤔

Der Anfang ist gemacht. Nun heißt es warten. Ich bin wirklich sehr gespannt auf die Stimme von Arne. Es gibt so Stimmlagen und Dialekte, die ich nicht mag. In dem Fall wäre das Ganze gleich zum Scheitern verurteilt.
16.55 Uhr – es klingelt … am anderen Ende der Leitung sagt eine sehr sympathische Stimme:

Arne: *Naaaa, du.*

Sybille: *Ja hallo, hier ist Sybille.*

Arne: *Das dachte ich mir schon, und hier ist Hartmut.*
Irgendetwas läuft hier jetzt falsch. Ich habe Arne erwartet. Sicher hat er bemerkt, dass ich überrascht bin, und er erklärt:

Arne: *Mein Name ist Hartmut Arne. Ich habe nur den zweiten Vornamen auf der Dating Plattform benutzt, damit ich nicht gleich erkannt werde. Ansonsten mag ich diesen Namen überhaupt nicht. In meiner Kindheit war Arne ein eher*

ungewöhnlicher Name und ich habe oft seltsame Blicke geerntet. Mit Hartmut bin ich sehr zufrieden.

Sybille: *Nun gut, dann nenne ich dich Hartmut. Ist ja auch ein guter, starker Name. Obwohl Arne sehr gut zu deinem Nordmann-Image passt. Und wenn du nicht möchtest, dass dich jemand erkennt, sind die Bilder von dir bestimmt auch nicht echt.*

Hartmut: *Doch, die sind alle echt. Die meisten aus Skandinavien. Ich liebe den Norden und bin so oft dort, wie es geht. Ich habe mir dort auch ein Grundstück gekauft und ein Haus gebaut. Das war eine Aktion. Alles von hier aus organisiert und mit Freunden vor Ort durchgeführt. Da sind Pannen auch nicht ausgeblieben, wenn zum Beispiel anstelle eines Herdes ein zweiter Kühlschrank geliefert wird. Aber jetzt ist alles geschafft und ich genieße dort einfach meine Auszeit, sooft ich kann.*

Sybille: *Und dort gehst du dann auch angeln und holst die dicken Fische raus?*

Hartmut: *Ja, habe dort einen Steg und ein Boot liegen. Ich angele jetzt auch nur noch besonderen Fisch, wie Leng und Dorsch. Mit Seelachs und so habe ich die Truhe voll.*

Sybille: *Wer ist denn dein treuer Begleiter? Ein sehr schöner Hund. Ich schätze mal, so ein italienischer Trüffelhund. Den sieht man ja hier eher selten.*

Hartmut: *Na, du kennst dich ja aus. Richtig geschätzt. Ein Lagotto Romagnolo. Er ist vier Jahre alt und es war gar nicht so einfach, einen solchen Hund zu bekommen. Das ging über viele Ecken. Erzähle ich dir mal bei Gelegenheit.*

Sybille: *Hat der Racker auch einen Namen?*

Hartmut: *Sein Name ist Alfredo. Sollte was Italienisches sein. Ach, da gibt es auch eine lustige Geschichte: An einem Grenzübergang saß Alfredo auf meinem Beifahrersitz.*

Eine Zöllnerin kam ans Auto, sah den Hund sitzen und war hin und weg, hier einen Lagotto zu sehen. Sie beugte sich durch das offene Fenster der Fahrerseite bis rüber zu Alfredo. Von außen waren nur noch Beine und Po der Zöllnerin zu sehen und ein grinsender Hartmut. Was müssen sich stille Beobachter da wohl gedacht haben?
Und jetzt höre ich Hartmut das erste Mal lachen. Ein von Herzen kommendes, ansteckendes Lachen. Dieser Mann liebt das Leben, lacht gern und erzählt lieber und ausführlicher, als er schreibt.

Sybille: *Ich hätte auch viele Geschichten zu erzählen, lustige, ernste, ernsthafte oder sogar interessante. Womit soll ich anfangen? Möchtest du etwas über mich wissen?*

Hartmut: *Na, dann mach doch mal … wo wohnst du eigentlich?*

Sybille: *Ich wohne in einem Vorort von Wittenberg, in Piesteritz. Dort gibt es diese sogenannten Werkssiedlungen. Die wurden vor vielen Jahren gebaut zusammen mit dem Stickstoffwerk, das dort entstand. Das sind alles kleine Reihenhäuser über zwei Etagen mit Garten dran.*
Vorher habe ich mit meinem Mann im Nachbarort in seinem Haus gelebt. Wir haben dort um- und ausgebaut und aus dem alten Haus ein altersgerechtes Schmuckstückchen gemacht. Und ich habe kräftig investiert, nicht nur meine Zeit und Kraft. Dann war ich nicht mehr attraktiv genug für ihn. Als er dann von seinem Vater nicht unerhebliche Summen erbte, fühlte er sich, als würde er zu den Reichen und Schönen gehören, dachte, er wäre in einen Jungbrunnen gefallen und zog los, um sich seine Wünsche und Fantasien zu

erfüllen. Er hat sich Escort Damen bestellt und ist an einer kleben geblieben, die so alt wie meine Tochter ist. Er hat das Geld mit vollen Händen ausgegeben, die Lady mit Dingen beschenkt, da kann man nur von träumen, und für die dumme Sybille war nichts übrig. Die ganzen Jahre haben wir auf meine Kosten gelebt und ich habe den Laden geschmissen, habe nie gefordert, immer nur gegeben. Wir hatten ja auch sehr schöne, erfüllte Jahre und glückliche Momente in jeder Beziehung.
Vor etwa einem Jahr habe ich aber die Kränkungen, Erniedrigungen und Beleidigungen nicht mehr ertragen können und bin vor meinem zukünftigen Ex-Ehemann geflohen.
Und hier schließt sich der Kreis. Glücklicherweise habe ich hier in der Werkssiedlung ein kleines Reihenhaus mieten können. Habe mich inzwischen häuslich eingerichtet, einen kleinen Garten angelegt und im Sommer stelle ich wieder meinen Whirlpool auf. Jetzt lerne ich, allein glücklich zu werden, merke aber, dass da doch immer mal was fehlt.

Hartmut: *Lass mich raten … dir fehlt ein Mann.*

Sybille: *Ja, so in etwa. Ein paar glückliche Momente zu zweit wären auch mal wieder toll …*

Eine Stunde und 14 Minuten haben wir erste Geschichten ausgetauscht, gemeinsam gelacht, aber auch über ernste Dinge gesprochen. Warum wir auf der Suche sind. Was in der jeweils letzten Partnerschaft passiert ist … eine sehr lange, kurzweilige Stunde lang.
Ich weiß nur eines: Die Stimme passt und wir können über viele Dinge gemeinsam lachen.

Noch hat der Abend erst begonnen. Ich gieße mir ein Glas Wein ein, zünde eine Kerze an und grinse wie ein Honigkuchenpferd. Da kommt eine Whatsapp rein. Von Hartmut. Er schickt mir ein Bild von einem Glas Wein, das vor ihm auf dem Tisch steht. Da schicke ich doch auch gleich mal ein Bild von meinem gedeckten Tisch zurück und schreibe dazu:

[8.3., 19:42] **Sybille:** Dir auch Prost

[8.3., 20:00] **Hartmut:** Du mit Kerze 🙃

[8.3., 20:01] **Sybille:** Dafür macht dein Smiley Kopfstand.

[8.3., 20:02] **Hartmut:** Jupp

[8.3., 20:04] **Sybille:** Komm, ich singe dir jetzt was vor, auch wenn du es nicht hören kannst. Dazu brauche ich eigentlich keinen Alkohol. Aber heute bin ich irgendwie aufgedreht.

[8.3., 20:27] **Hartmut:** 😄

[8.3., 20:32] **Sybille:** Mir war so danach. Ich hab auch für jede Situation das passende Lied.
[8.3., 20:32] Hartmut: Warum aufgedreht?

[8.3., 20:32] **Hartmut:** Welches Lied passt gerade?

[8.3., 20:33] **Sybille:** Hab mich schon lange nicht mehr so angeregt unterhalten.

[8.3., 20:34] **Sybille:** Den Sarastro aus der Zauberflöte und etwas leichtere Kost: „My Fair Lady“.

[8.3., 20:35] **Hartmut:** Ja, das war intensiv.

[8.3., 20:35] **Hartmut:** Das kannst du?

[8.3., 20:37] Sybille: Nicht mehr in der Originaltonart. Bis vor 100.000 Zigaretten war ich noch Sopran. Durch das Rauchen wird die Stimme immer tiefer. Als Kind wollte ich Opernsängerin werden. Aber mein Papa wollte nicht, dass ich Künstlerin werde.

[8.3., 20:40] Hartmut: Ich kann nicht einmal Noten lesen. Total unmusikalisch ...

[8.3., 20:42] Sybille: Das kann ich auch nicht (früher konnte ich mal ein bisschen), ich mach das nach Gehör.

[8.3., 20:42] Hartmut: Nach Gehör: laut oder leise 😄

[8.3., 20:44] Sybille: Ich hab auch nie richtig ein Instrument gelernt, da hätte ich Noten können müssen.

[8.3., 20:45] Sybille: Das mit laut oder leise habe ich jetzt nicht verstanden.

[8.3., 20:49] Hartmut: Null Musik-Verstand. Kein Rytmus...

[8.3., 20:51] Sybille: Schade, wenn kein Rhythmus, da klappt das mit dem Tanzen ja auch nicht.

[8.3., 20:51] Hartmut: Discofox kann ich [Bild 16.jpeg und Bild30.jpeg einfügen]

[8.3., 20:52] Sybille: Also doch Rhythmus, ist 4/4-Takt.

[8.3., 20:52] Hartmut: Rhythmus. O. k., o. k., o. k., o. k., o. k., o. k., o. k.

[8.3., 20:53] Hartmut: 4/4-Takt ... Genau 😉 – heißt keine Ahnung 🙁

[8.3., 20:54] Sybille: Gehst du jetzt sparsam mit den „H" um, für wen brauchst du die denn noch? Für: Heike, Heidi, Henriette, Helga …?

[8.3., 21:00] Hartmut: 😂😜😜😜

[8.3., 21:02] Hartmut: Mach mich bettfein. Lass uns morgen 📞 Hab da ein, zwei Fragen. Aber ich finde es gut. Den Kontakt mit dir.

[8.3., 21:04] Sybille: Gehe auch langsam ins Bett. Telefonieren können wir sehr gerne. Bin heute richtig happy. Fragen habe ich auch noch.

[8.3., 21:04] Sybille: Schlaf schön.

[8.3., 21:12] Hartmut: Du auch 😴

Und mit einem Lächeln schlafe ich ein …

Kapitel 3
Ein ganz normaler Whatsapp-Tag mit Hartmut

9. März

Heute früh werde ich vom Signal einer eingehenden Nachricht geweckt. Ich blinzle noch verschlafen, suche meine Brille auf dem Nachtschrank und taste nach meinem Handy. Alles klar. Der Frühaufsteher Hartmut hat mich geweckt mit einem Bild von seinem Frühstück.

[9.3., 05:50] Hartmut: Guten Morgen! Das muss ...

Gut, wenn man den Tag mit einem richtigen Frühstück beginnt. Irgendwann habe ich damit aufgehört und jetzt gibt es nur noch Kaffee und vielleicht einen Joghurt. Am Wochenende koche ich mir auch ein Frühstücksei. Dabei hatte ich immer Wert darauf gelegt, dass meine Familie nicht ohne Frühstück aus dem Haus geht. Wenn meine Enkel bei mir übernachten, bestehen sie auch darauf, dass morgens gefrühstückt wird, bevor ich sie in die Schule bringe. Oma erfüllt natürlich auch Sonderwünsche. Dazu gehört ein Obstteller. Leo bekommt Rührei mit Bacon und Maja möchte ein weich gekochtes Ei und ein Brötchen mit Omas Erdbeermarmelade. Eine meiner leichtesten Übungen.
Vielleicht sollte ich das auch für mich wieder einführen, auch wenn ich allein am Tisch sitze. Daran habe ich mich noch nicht wirklich gewöhnt. Aber andere tun es ja auch.
Zum Beispiel Hartmut: zwei Toasts mit Salami, ein paar kleine Tomaten, ein Pott Kaffee mit Milch und ein Glas Tomatensaft. Ein ganzer Kerl braucht eben auch ein ganzes Frühstück!

[9.3., 06:20] Sybille: Guten Morgen, ich koche mir jetzt Kaffee.

[9.3., 06:32] Sybille: Schon unterwegs? Heute bestimmt Winterdienst ... Bei uns ist alles eingeschneit.

Um 06:38 Uhr schickt mir Hartmut Bilder vom Schneegestöber auf seinem Weg zur Arbeit.

[9.3., 06:40] Sybille: Hier auch. Wenn du fährst, darfst du mich auch gerne anrufen. Ist sicherer als schreiben.

[9.3., 07:41] Hartmut: Das hat uns heute kalt erwischt mit dem Winterdienst. Mussten noch Fahrzeuge umbauen. Etwas hektisch am Morgen. 😋☹

[9.3., 07:42] Sybille: Du schaffst das! 👍☺

[9.3., 07:46] Hartmut: Heute Bürotag?

[9.3., 07:47] Sybille: Nein, muss noch was vorbereiten für die Weiterbildung, die ich heute bei Kunden durchführe. Dann geht es los.

[9.3., 08:38] Hartmut: So sieht es gerade in Skandinavien auf meiner Terrasse aus.

Dazu schickt er mir das Bild einer schneebedeckten Terrasse.

[9.3., 09:25] Sybille: Hast du da eine Kamera installiert?

[9.3., 09:39] Hartmut: Ja genau.

[9.3., 11:05] Sybille: So, habe jetzt belegte Brötchen abgeholt für die Kunden in Roßlau, wo ich dann um

12.00 Uhr Weiterbildung mache. Fahre jetzt also von Wolfen nach Roßlau. Uhr bd alles in allem bin ich bestimmt um 15.30 Uhr zu Hause. So sieht mein Tag aus. Ich freue mich, wenn ich heute irgendwann deine Stimme höre. LG

[9.3., 11:43] Sybille: … „und alles in allem" sollte das heißen, mein Schreibprogramm hatte wieder mal ein Eigenleben entwickelt.

11:43 Hartmut: Was zum Schmunzeln 😄

> **Frau zu sein ist schwer, dauernd möchte man etwas kaufen, jemanden umbringen,**
>
> 😖 **abnehmen und etwas Süßes** 🤷‍♀️

[9.3., 11:45] Sybille: Mein Kommentar: nein, nein, ja, ja 😄

[9.3., 11:47] Sybille: Ich gehe nicht gerne shoppen, der einzige Laden, den ich richtig spannend finde, ist Baumarkt, sorry, so bin ich eben. Da gibt es so viele spannende Dinge. 😄

[9.3., 13:43] Sybille: Heutzutage kann man sich ja aber auch aussuchen, wer oder was man sein möchte …

Zitat: „Ich werde mein Kind später einmal Ariel nennen. Dann kann es selbst entscheiden, ob es mal Mann, Frau, Meerjungfrau oder Waschpulver sein möchte."

[9.3., 14:28] Hartmut: Aber nie sein wird …

[9.3., 14:32] Sybille: Richtig, ich bleibe, wer und wie ich bin, und werde mich auch nicht mehr wesentlich ändern …

[9.3., 14:48] Hartmut: „Richtich", um mit P. P. zu antworten.

[9.3., 14:49] Sybille: Wer ist P. P.? Paul Panzer?

[9.3., 16:29] Hartmut: 👍

[9.3., 16:50] Sybille: Jetzt habe ich deinen Anruf verpasst. Dabei hatte ich mich schon gefreut. Vielleicht passt es später noch? Nehme jetzt mein Handy überallhin mit, wirklich überall!!!!

17.40 Uhr – Hartmut ruft an und da ist sie wieder, diese tolle Stimme.

Hartmut: *Naaaaa, du.*

Sybille: *Das ist aber schön, dass du doch noch anrufst. Du hättest dich ja auch gerne heute Abend melden können. Ich habe Zeit.*

Hartmut: *Abends ist schlecht. Zu Hause kann ich nicht in Ruhe telefonieren. Da haben die Wände Ohren.*
Wer *belauscht dich denn dort?*

Hartmut: *Ich wohne doch noch mit meiner Frau unter einem Dach in dem Haus, das wir gemeinsam gebaut haben. Wir leben zwar getrennt, aber sie ist da schon neugierig.*

Sybille: *Nun gut, wenn ihr getrennt lebt, sollte doch jeder machen können, was er will. Wie kann ich mir das vorstellen?*

Hartmut: *Wir haben bei der Trennung die Räume aufgeteilt. Ich wohne im Gästebereich und nutze dort die Dusche und das Gästezimmer und die Küche nutzen wir gemeinsam. Ich habe ihr das Schlafzimmer und das Bad überlassen. Wenn ich mal baden möchte, muss ich halt einen Antrag stellen. Ich will hier einfach keinen Ärger und das die zwei Jahre bis zur Rente noch so durchziehen. Da hängt noch ein bisschen mehr dran, wie zum Beispiel die Firma, an der meine Frau auch Anteile hat. Auszahlen kann ich sie im Moment nicht, also halte ich die Füße still. Deshalb telefoniere ich auf dem Weg zur und von der Arbeit.*

Sybille: *Das ist doch auch in Ordnung. Dann freue ich mich beispielsweise auf einen Anruf von dir, wenn du nach Hause fährst. So wie jetzt. Richtig? Wie lange fährst du denn immer?*

Hartmut: *Ich brauche so eine gute halbe Stunde von Ludwigsfelde bis in die Firma nach Potsdam.*
Sybille: *Da haben wir gestern aber länger telefoniert.*

Hartmut: *Ich bin doch einen Umweg gefahren und habe noch eine Extrarunde gedreht, damit wir mehr Zeit zum Erzählen haben. Und wieder dieses ansteckende Lachen, das mir so gute Laune macht.*

Sybille: *Was für eine Firma hast du eigentlich, dass du auch für den Winterdienst zuständig bist?*

Hartmut: *Gebäude- und-Hausmeisterservice. Mein Hauptauftraggeber ist die Stadt Potsdam. Kannst mich gerne googeln … Hartmut Arne K. in Potsdam … Ich bin da bekannt wie ein bunter Hund.*

Sybille: *Das werde ich natürlich tun.*

Hartmut: *So. Jetzt bin ich aber fast zu Hause. Wenn du* *willst, kann ich dich ja morgen früh anrufen. So gegen 6.00 Uhr?*

Sybille: *Au ja, so wollte ich schon immer mal geweckt werden. Mach nur. Ist in Ordnung.*

[9.3., 19:56] Sybille: Der Wetterbericht hat eben gesagt, dass morgen wieder Winterdienst angesagt ist.

20:18 Uhr: Hartmut schickt mir Bilder von seinem Haus in Skandinavien. Eine traumhaft schöne Aussicht auf eine Bucht, in der sicher auch sein Boot liegt. Auf dem Terrassengeländer steht ein Fernglas neben einem Whiskyglas. Ich kann förmlich die Ruhe spüren und stelle mir vor, wie Hartmut dort sitzt, einen Single Malt genießt und den Sonnenuntergang am Horizont beobachtet. So ein Romantiker! Na gut, das Bild war ja jetzt von mir, traue ich ihm aber zu.

[9.3., 20:19] Sybille: Wow, ist das `ne Aussicht! Da verstehe ich, dass du so oft wie möglich hinmöchtest.

[9.3., 20:20] Sybille: Was ist das für ein kleines Häuschen am Ende der Terrasse?

[9.3., 20:22] Sybille: Ein Traum, da kannst du stolz auf dich sein!!! 👍🤗

[9.3., 20:23] Hartmut: Schuppen, als Sauna vorbereitet.

[9.3., 20:28] Sybille: Ich hab im Moment nur ein Reihenhaus zur Miete mit kleinem Garten zu bieten.

Auch ich zeige, dass ich Bilder per Whatsapp verschicken kann.

[9.3., 20:28] Hartmut: 😳

[9.3., 20:29] Hartmut: Ist doch gut! Ich wollte nicht angeben ...

[9.3., 20:30] Sybille: Gehst du schon ins Bett? Dann wünsche ich dir eine gute Nacht und schöne Träume. 🌜

[9.3., 20:32] Sybille: Ich hab das nicht als angeben gesehen. Lieb, dass du mich an deinem Leben teilhaben lässt und mir zeigst, was dir wichtig ist.

[9.3., 20:32] Hartmut: Ja, steh ja gegen 4 auf, um zu schauen, ob der Winterdienst ausrücken muss.

[9.3., 20:32] Hartmut: Schlaf schön!

[9.3., 20:32] Sybille: Du auch.

Kapitel 4
Es fängt an zu kribbeln

Kapitel 4 und Tag 4 für Hartmut und Sybille …

Keine Angst, liebe Leserinnen und liebe Leser (ich bin übrigens noch alte Schule, ich gendere nicht!), es wird nicht für jeden Tag ein Kapitel geben. Irgendwann wird es auch mal ruhiger.
Mein Tag beginnt mit dem Klingeln meines Handys. Ich greife mit fast geschlossenen Augen danach, um den Anruf entgegenzunehmen. Das muss der Frühaufsteher Hartmut sein, wer sollte mich sonst um 6.05 Uhr anrufen?

Hartmut: *Guten Morgen. Hier ist der freundliche Weckdienst der Telekom.*

Ich sehe ihn förmlich vor mir. Ein breites Grinsen und ein Funkeln in den blauen Augen vor Begeisterung, als hätte er mir einen Lausbubenstreich gespielt. Das zaubert mir ein Lächeln ins Gesicht.

Sybille: *Guten Morgen. So eine angenehme Stimme. Diesen Weckdienst bestell ich mir öfter mal.*

Hartmut: *Habe ich dich geweckt?*

Sybille: *Ja, so war doch der Plan. Ich liege noch im Bett und höre dir zu.*

Hartmut: *Dafür, dass du bis eben noch geschlafen hast, bist du aber gut drauf.*

Sybille: *Ja, so bin ich: einschlafen und aufwachen mit einem Lächeln. Danach hast du doch gesucht.*

Hartmut: *Na, da bin ich ja mal gespannt, ob das andere auch alles passt.*

Sybille: *Das werden wir schon noch herausfinden. Und … der Winterdienst läuft?*

Hartmut: *Ja, sind ja alle eingewiesen. Sollte funktionieren. Hoffentlich schneit es nicht am Wochenende, denn dann muss ich auch raus. Ach ja, … Und was liegt bei dir heute an?*

Sybille: *Ein normaler Außendiensttag und ab Mittag erreiche ich sowieso keine Kunden mehr. Dann fahre ich nach Hause, kaufe noch fürs Wochenende ein und werde dann meine Büroarbeit erledigen.*

Hartmut: *Na, dann hab einen schönen Tag. Bei mir klingelt es schon wieder, ist dienstlich, muss ich rangehen.*

Sybille: *Dir auch einen schönen Tag.*

Gut gelaunt verlasse ich mein Bett und gehe in die Küche, um mir Kaffee zu kochen. Den brauche ich zum Munterwerden. Ein bisschen träume ich noch. Was wäre, wenn zu dieser Stimme, die mir gute Laune macht, noch ein ganzer Kerl gehört, der mir gefällt und von dem ich vielleicht auch einmal live geweckt werde? Warten wir es ab. Vorstellen kann ich mir so einiges …

Jetzt beginnt mein Alltag und den werde ich heute gut gelaunt meistern. Zwischendurch lasse ich mich gerne von der einen oder anderen Whatsapp ablenken. Ich bin bereit für den Tag und mein Handy auch.

[10.3., 08:14] Hartmut: Der macht alles mit 😄

Da wird Hartmut die erste stressige Runde durchhaben, setzt sich einen Moment an seinen Schreibtisch, vielleicht mit einer Tasse Kaffee, und denkt an mich … und an seinen Hund.
Natürlich sehe ich mir das Video von Alfredo sofort an. Dieser steht am Heck vom Motorboot, lässt sich den Wind durch das milchkaffeefarbene Fell pusten und scheint den Urlaub in Skandinavien zu genießen. Man sagt ja, dass Hunde oft ihrem Herrchen ähneln. Nur Alfredo hat eine etwas andere Haarpracht. 😄

[10.3., 09:11] Sybille: Ein Hoch auf Alfredo, weil er dir glückliche Momente beschert.

[10.3., 09:41] Sybille: Da habe ich gerade auf der Dating Plattform nach Hartmut gesucht, weil ich mir ein Bild runterladen/screenshoten wollte, damit ich dich vor mir sehe, wenn wir telefonieren. Am Ende habe ich dann aber Arne gefunden. Der gefällt mir auch 😉😄 . Meine Favoriten sind der Wandersmann und Arne mit Mütze. 👍 🙂

[10.3., 12:51] Sybille: Na, Mittagspause? War noch einkaufen (großer Fehler, war hungrig) und fahre jetzt nach Hause. Arbeite nicht mehr so viel – ab Freitag um eins macht jeder seins. 😉 😄

12:55 Uhr: Hartmut schickt mir ein Bild von seinem Auto mit Anhänger und Quad darauf.
Interessant, mal sehen, was er noch alles aus der Versenkung holt – nach dem Motto:
Mein Haus … mein Auto … mein Boot … mein Quad … mein Hund … meine Firma … mein …??? Sicher ist er einfach nur stolz auf all diese Dinge, weil er sein ganzes Leben hart gearbeitet hat und ihm nichts geschenkt wurde.

14.44 Uhr

Es klingelt. Zunächst dachte ich, eines der Kinder oder Enkelkinder meldet sich. Auf meinem Display steht: „Hartmut". Nun, dann macht er heute bestimmt zeitiger Feierabend.

Hartmut: *Naaaa, du … hast du schon Feierabend?*

Sybille: *Arbeite nur noch ein bisschen im Büro. Du bist ja auch zeitig dran. Bist du auf dem Weg nach Hause?*

Hartmut: *Ja, reicht für heute. Die Woche hatte es in sich. Muss ja morgen auch in die Firma, egal ob Winterdienst oder nicht. Da ist einiges liegen geblieben, was ich abarbeiten muss. Mir fehlt eindeutig eine Sekretärin und Sachbearbeiterin, seit meine Frau Müller in den Ruhestand gegangen ist. Nächste Woche habe ich ja vier Kandidatinnen zum Vorstellungsgespräch eingeladen. Ich hoffe sehr, dass da eine fähige Mitarbeiterin dabei ist. Bis dahin muss ich eben einiges selbst regeln und am Wochenende stört mich da keiner.*
Das fand meine Frau nie so prickelnd, wenn ich am Wochenende noch arbeiten musste, und da gab es regelmäßig Streit. Na ja, als Beamtin kann sie so was nicht verstehen.

Sybille: *Aber das ist doch deine Firma. Da muss man tun, was getan werden muss. Da würde ich auch nicht auf die Uhr gucken. Dafür darfst du dir als Chef sicher auch mal das Recht herausnehmen, freizumachen. Du musst es doch vor dir selbst verantworten.*

Hartmut: *Das ist richtig. Die freien Tage, die ich mir gönnen kann, nutze ich, um in mein Haus in Skandinavien zu fahren oder mal mit dem Wohnmobil zu verreisen. Das ist dann meine Auszeit, viel mehr geht nicht. Noch zwei Jahre, dann gehe ich in den Ruhestand und dann werde ich im Sommer* *im Norden auf der Terrasse sitzen und den Winter hier verbringen und mich um die Familie kümmern. Das ist mein Plan.*

Sybille: *Das ist ein sehr guter Plan. Was ich toll finde, ist, dass du nicht nur darüber redest, sondern das alles bereits in Angriff genommen hast. Da verstehe ich auch, dass du auf die vielen Dinge, die du mir per Bild geschickt hast, stolz bist. Kannst du auch sein.*

Hartmut: *Richtig. Als ich mit dem Haus im Norden fertig war, habe ich zu einem Kunden und guten Bekannten gesagt: „Du hast immer gesagt, du kennst viele, die den Wunsch haben, in Skandinavien ein Haus zu kaufen, um dort ihren Ruhestand zu verbringen. Jetzt kennst du auch einen, der es gemacht hat!"*

Sybille: *Und Alfredo fühlt sich dort auch wohl. Da kann er mit dir dorthin ziehen.*

Hartmut: *Oh, das wird bestimmt noch mal ein Zankapfel werden. Meine Frau liebt diesen Hund auch. Als wir ihn damals als Welpen abgeholt haben, lag er während der ganzen Fahrt auf ihrem Schoß. Seitdem haben die beiden eine Bindung zueinander. Es wird noch einige Streitigkeiten geben … aber noch nicht jetzt.*

Sybille: *Und willst du dann immer allein auf deiner Terrasse sitzen und die Aussicht genießen?*

Hartmut: *Ich habe doch meinen Hund.*

Und wieder steckt er mich mit seinem herzlichen, glucksenden Lachen an. Da muss man einfach gute Laune bekommen.

Hartmut: *Und vielleicht findet sich bis dahin ja auch noch einmal eine Frau, die an meiner Seite sein möchte. Was meinst du denn, warum ich suche?*

Sybille: *Weißt du, dass wir schon wieder eine ganze Stunde telefonieren? Ich beschwere mich ja nicht. Die Zeit ist wieder wie im Flug vergangen. Bist wohl wieder einen Umweg gefahren?*

Hartmut: *Na, was hast du denn gedacht? Ich fahre jetzt schon die dritte Runde um den Ort. Jetzt sollte ich langsam mal nach Hause fahren.*

Sybille: *Wir können ja heute Abend noch ein bisschen schreiben.*

Hartmut: *Das machen wir. Bis nachher dann.*

Also, ich muss schon sagen: sehr sympathisch.

Eine sehr angenehme Stimme mit einem brandenburgischen Dialekt, den ich ja auch nie abgelegt habe. Dieses ansteckende Lachen und wir können über die gleichen Dinge lachen. Da passt vieles zusammen.
Jetzt schicke ich ihm noch ein paar Jugendfotos. Kann ja nichts passieren. Er ist ja immer noch ein fremder Mann für mich.

[10.3., 18:56] Sybille: Ich bin die Linke, seinerzeit Sopran. Jetzt – nach 100.000 Zigaretten Stimmlage Alt. ... Foto: Auftritt Chor – Solo ...

[10.3., 18:57] Sybille: Noch ein Jugendfoto. ... Foto: Ich mit Akkordeon ...

[10.3., 19:06] Hartmut: Obsttag 😒 selbst gemachter Apfelwein und selbst gemachtes Trockenobst 😋

… auch mit Foto …

[10.3., 19:10] Sybille: Apfelringe mache ich auch immer. Habe dafür mein Dörrgerät. Besser als Schokolade. Lieben meine Enkel auch. Hast du einen Apfelbaum im Garten?

[10.3., 19:10] Hartmut: Ja, hab ich, eine alte, süße Sorte.

[10.3., 19:12] Sybille: Mit viel Saft? Unsere Äpfel haben immer wenig Saft gegeben. Haben wir mal bestimmen lassen. Über 100 Jahre alt. „Kaiser Wilhelm".

[10.3., 19:12] Hartmut: Roter Bellefleur, hab ich vor ca. 10 Jahren gepflanzt. Ergebnis 14 % 🙃😙

[10.3., 19:13] Sybille: Aber nicht zum Lagern, oder?

[10.3., 19:16] Hartmut: Nein. Ist der „Kaiser" ja auch nicht wirklich. Der wird ja aufgrund des wenigen Saftes mürbe.

[10.3., 19:18] Sybille: Richtig. Spätestens Weihnachten sind alle Äpfel hin …

[10.3., 19:20] Sybille: So, jetzt gieß ich mir auch einen Wein ein. Nicht dass du dir hier alleine einen schönen Abend machst 🙂

[10.3., 19:28] Hartmut: 👍

[10.3., 19:29] Sybille: Na, dann prosit! Auch wenn du morgen arbeiten musst.

[10.3., 19:30] Sybille: Ich kann ausschlafen – also bis mindestens um 7.

[10.3., 19:30] Hartmut: Schlaf aber auch eine Stunde länger. Hoffe ich …

[10.3., 19:32] Sybille: Wieso, kannst du nie länger schlafen? Tipp: ein Whisky mehr am Abend.

[10.3., 19:34] Hartmut: 🙃 🤣 🥛 nur im Urlaub

[10.3., 19:35] Sybille: Vielleicht fehlt dir auch was anderes, z. B. „kalter Po an warmen Bauch“. (Den Spruch fand ich so toll.)

Hartmut: … Bild mit geernteten Äpfeln …

[10.3., 19:39] Sybille: Oh, Erntefoto vom letzten Jahr rausgesucht?

[10.3., 19:40] Hartmut: Fehlt definitiv. Mag jeder, der ehrlich ist. 🙃

[10.3., 19:41] Sybille: Und dein Emoji steht kopf. Oh ja. Kuscheln macht glücklich. 😙

[10.3., 19:42] Hartmut: Jupp

[10.3., 19:43] Sybille: Soll ich was darauf sagen? Lieber nicht. 😴

[10.3., 19:47] Hartmut: Angsthase …

[10.3., 19:48] Sybille: Ich nehme mir jetzt Strickzeug, um mich abzulenken, sonst komm ich noch auf dumme Gedanken und bekomme Gefühle.

[10.3., 19:49] Sybille: Ich habe keine Angst, ärgere mich nur, wenn ich dann am Ende in meinem Bett mit mir selber kuscheln muss. 😘

[10.3., 19:52] Hartmut: O. k., ich geh Holz hacken ... 😋

[10.3., 19:54] Sybille: So genieße ich weiter die Gespräche mit dir. Wer weiß, ob das andere passen würde. Dann stehen wir uns gegenüber und denken, da hilft nur eins: Licht aus, Brille ab und schön trinken!!! 🤣😄🤓

[10.3., 20:03] Hartmut: Kann man ja vorher machen ...

[10.3., 20:03] Hartmut: Glaub ich aber nicht.

[10.3., 20:05] Sybille: Lieber bei vollem Bewusstsein und im Besitz aller Sinne. Werden wir ja vielleicht irgendwann herausfinden.

[10.3., 20:06] Sybille: Wenn man allein seinen Wein trinkt, kann man ja auch mal ein bisschen träumen. 🙂🫠

[10.3., 20:06] Hartmut: 👍👍👍

[10.3., 20:07] Hartmut: Lieber bei vollem Bewusstsein und im Besitz aller Sinne.

[10.3., 20:07] Sybille: Warst du schon Holz hacken?

[10.3., 20:07] Hartmut: Ja, so soll es sein.

[10.3., 20:09] Sybille: Ich weiß jetzt keine passende Antwort mehr.

[10.3., 20:10] Hartmut: Ich geh jetzt zu Kirschwein über …

Hartmut: … Foto vom gehackten Holz …

[10.3., 20:10] Sybille: Wow, in 5 Minuten!!!!! (Bis zum Holzschuppen, Foto machen und zurück.)

[10.3., 20:12] Sybille: Ich hatte mit meinem ersten Mann mal Kirschwein gemacht. Die Geschichte erzähl ich dir mal am Telefon. Wäre zu viel zum Schreiben.

[10.3., 20:32] Hartmut: Kirschwein vom letzten Jahr.

[10.3., 20:34] Sybille: Was hast du denn noch alles für Obstbäume? Wie riesig ist dein Garten? 🌳

[10.3., 20:35] Hartmut: 😂

[10.3., 20:38] Sybille: Weinst du vor Freude?

[10.3., 20:39] Hartmut: So ungefähr 😋

[10.3., 20:40] Sybille: Warum? Weil du so einen schönen Garten hast, oder kommen die Tränen, weil der Wein so sauer ist?

[10.3., 20:50] Hartmut: Jetzt Kirschwein

[10.3., 20:54] Sybille: Sagtest du schon. Vielleicht ist es ja schon der zweite, oder der Apfelwein hat deinen Zählmodus ausgeschaltet. 🥱 🙂

[10.3., 20:56] Sybille: Trinkst du eigentlich auch mal ein Bier?

[10.3., 20:59] Sybille: Heute brauche ich mal was Stärkeres. Wieder eine Woche geschafft.

[10.3., 21:05] Sybille: ’ne verrückt schöne Woche.

[10.3., 21:23] Sybille: Hallo, mein Lieber, schon eingeschlafen? Ich gehe auch bald ins Bett und wünsche dir schöne Träume. 🙂 👻 🌜

Kapitel 5

Ein Wochenende mit ohne Hartmut

Ein „Pling“ reißt mich aus dem Schlaf. Wenn ich ehrlich bin, war ich ja schon ein bisschen wach. Ich bin aber mit geschlossenen Augen liegen geblieben, weil ich auf meinen freundlichen Weckruf gewartet habe. Stattdessen bekomme ich eine Whatsapp.

[11.3., 06:37] Hartmut: Auf geht`s 😒

Er hat mir zwei Bilder geschickt … sein eingeschneites Auto, das heißt, es ist Winter angesagt, und ein Selfie: Hartmut im Auto mit Mütze.
Meine Tochter Charlotte würde jetzt glatt sagen: „Ihr müsst alle mal einen Selfie-Kurs belegen – schon wie ihr das Handy haltet und dabei nie in die Kamera schaut!“
Mir gefällt trotzdem, was ich sehe: ein ernster Hartmut mit grauem, mindestens 7-Tage-Bart und Mütze. Was ist das für eine Mütze??? Ich erkenne ein weißes Norwegermuster auf grauem Grund, einen breiten, weißen Rand, der über den Ohren sitzt und die Stressfalten auf der Stirn freigibt. Dann hängt da seitlich noch eine tischtennisballgroße, rote Bommel herunter.
Fünf Minuten später klingelt es. Für Weckdienst etwas zu spät, aber auf die Stimme freue ich mich natürlich.

Hartmut: *Na, habe ich dich geweckt? Du wolltest es so.*

Sybille: *Guten Morgen. Ich war schon wach und habe darauf gewartet, dass du mich weckst, haha.*

Hartmut: *Und schon hat die Frau wieder gute Laune am frühen Morgen …*

Sybille: *Ist doch kein Wunder. Du hast mir ja vorweg ein Bild von dir geschickt.*

Hartmut: *Gefällt dir meine Mütze? Das ist meine Winterdienst-Mütze. Die habe ich mir irgendwann mal aus Skandinavien mitgebracht und inzwischen ist es eine Tradition geworden. Wenn ich in die Firma komme und diese Mütze aufhabe, dazu meinen Kopf im Kreis bewege und die Bommel rotieren lasse, wissen meine Leute: „Winterdienst angesagt!"*
Es folgt ein lautes, befreites Lachen, weil er jemandem eine seiner Lieblingsgeschichten erzählen konnte, der diese noch nicht kannte.

Sybille: *Na, da müssen deine Leute ja viel Spaß mit ihrem Chef haben, wenn er immer so gut drauf ist.*

Hartmut: *Ich mache schon immer mal ein Späßchen, um das Betriebsklima zu lockern. Aber eigentlich bin ich ein eher strenger Chef und möchte schon von meinen Mitarbeitern respektvoll behandelt werden. Deshalb duze ich mich auch mit niemandem, abgesehen von zwei Ausnahmen … Jemanden, den ich von früher kenne, und die gute Seele der Firma, Frau Richter, die übrigens auch Sybille heißt.*

Sybille: *Wie viele Mitarbeiter hast du denn?*

Hartmut: *Über 40 … bin aber gerade dabei, noch mal welche einzustellen.*

Sybille: *Na, da musst du schon dafür sorgen, dass dir niemand auf der Nase herumtanzt. Das würde ja ein Chaos geben, wenn jeder Zweite denkt, mit dir erst einmal diskutieren zu müssen. Klare Ansagen vom Chef sind da Gold wert.*

Ich weiß, wovon ich rede. Ich war auch mal Chefin in einem frauendominierten Betrieb und hatte die Verantwortung für einen Bereich mit 30 bis 40 Frauen im Alter von 16 bis 60 Jahren. Da macht man was mit. Aber es gab auch schöne Zeiten, die man nicht missen möchte.

Hartmut: *Ja, macht ja auch Spaß … vor allem die Arbeit mit den Menschen. Heute werde ich aber auch viel Papierkram aufarbeiten müssen. Nicht so prickelnd.*

Sybille: *Du schaffst das schon. Wenn du mal ein bisschen Ablenkung brauchst, kannst du dich ja bei mir melden.*
Wolltest du mich nicht noch was fragen?

Hartmut: *Nun ja. Du hattest doch von deinem Mann und deiner Ehe erzählt. Du sagtest auch, dass ihr euch beim Thema Nr. 1 sehr gut verstanden und so manches ausprobiert habt. Ach, ich frage jetzt einfach freiheraus: Bist du sexsüchtig?*

Sybille: *Ach herrje, hast du jetzt Angst vor mir? Da kann ich dich beruhigen. Der treibende Keil war meistens mein Mann und es gab Dinge, die ich interessant fand und die mir auch gefallen haben. Aber es war einmal … vor vielen Jahren. Als ich das nicht mehr wollte, hat er sich diesbezüglich von mir völlig abgewandt und sich woanders seinen Kick geholt. Vieles von diesen teils abartigen Dingen habe ich erst im Nachhinein erfahren. Dieses Kapitel ist für mich längst abgeschlossen, auch das mit meinem Noch- Ehemann generell. Jetzt möchte ich nur noch viele schöne Stunden in Zweisamkeit verbringen.*

Hartmut: *Gut, denn ich bin dann doch eher ein Normalo. Natürlich liebe ich auch körperliche Nähe und das, was einem Beinaherentner noch so möglich ist. Hihi …*

Sybille: *Siehst du, dann sind wir uns doch einig und warten mal ab, was da so noch passiert.*

Hartmut: *Themenwechsel: Was machst du heute Schönes?*

Sybille: *Samstags ist immer Hausputz angesagt. Ansonsten rumgammeln, heute Abend mit Freunden ausgehen und vielleicht ein paar Nachrichten hin und her schreiben. Ich habe da nämlich jemanden kennengelernt, der eine todschicke Winterdienst-Mütze trägt. Hihi …*

Hartmut: *Na, dann mach`s erst mal gut. Ich melde mich.*

Ich glaube, Hartmut hat heute nicht wirklich Lust auf die Chef-Arbeiten. Ich bin mit meinen Gedanken ja auch nicht unbedingt bei meinem Samstag-Tagewerk.

[11.3., 08:43] Hartmut: https://youtu.be/fQxG9E_Hf6Y- Das ist übrigens meine Musik ☺

[11.3., 08:55] Sybille: Ich höre gerade „deine Musik", wunderschön und zum Träumen.

[11.3., 08:57] Hartmut: Stark, oder? Besser als das Original. Hab die beiden einmal in Hannover in einem Pub live erlebt, einfach toll!

[11.3., 08:57] Sybille: Ich mag ja nicht nur Klassik. Heute Abend gehe ich mit meiner Freundin und ihrem Mann aus. Wir treffen dort in Dessau seine Truppen und ich weiß, dass wir dort auch mal so richtig abrocken werden.

[11.3., 08:58] Sybille: Die sind wirklich toll, Wahnsinnsstimmen.

[11.3., 08:59] Hartmut: 👍👍👍

[11.3., 09:05] Hartmut: https://youtu.be/5D_uJKPXS-Q Aber die finde ich auch super 😜

[11.3., 09:05] Sybille: „You raise me up“ läuft bei mir gerade. Ich habe Gänsehaut. So gefühlvoll und kräftig habe ich das noch nie gehört.

[11.3., 09:12] Hartmut: Ja, das ist es.

[11.3., 09:17] Sybille: Höre erst einmal „Touch of Class“ zu Ende und dann höre ich in deine andere Empfehlung rein. Nebenher bringe ich meine Hütte in Schwung und tanze mit dem Staubsauger. 😉😄

[11.3., 09:37] Sybille: Habe bei „Ganz schön Feist“ reingehört. Ist das deine Musik oder die Reaktion auf unser Morgengespräch?

[11.3., 09:38] Hartmut: Die sind einfach nur gut und treffen das wahre Leben. 🤣

[11.3., 09:39] Sybille: O. K. Dann habe ich dich also nicht verschreckt. 🤗😄

[11.3., 09:40] Hartmut: Nein. Noch neugieriger gemacht eher …

[11.3., 09:41] Sybille: Dann bin ich beruhigt und inzwischen auch ganz schön neugierig, weil du dir solche Gedanken machst und Fragen stellst …

[11.3., 09:42] Hartmut: Schlimm, wenn nicht …

[11.3., 09:45 Sybille: O. K. Themenwechsel (sonst komme ich heute zu gar nichts mehr): Bei uns tanzen jetzt auch die Schneeflocken.

Und wieder klingelt das Telefon … Hartmut Arne K.

Sybille: *Na, sag mal, bei dir auf Arbeit haben die Wände wohl keine Ohren? Aber schön, dass du mich anrufst.*

Hartmut: *Doch, schon. Am Wochenende ist aber keiner hier und ich bin gerade vor die Tür gegangen, um mal zu rauchen.*

Sybille: *Also wird in deinem Büro auch nicht geraucht?*

Hartmut: *Nur in Ausnahmefällen. Ich will da auch nichts einreißen lassen, sonst kommen andere vielleicht auch noch auf die Idee. Dafür habe ich ja den Eingangsbereich überdachen und Aschenbecher hinstellen lassen.*
Sybille: So richtige Lust zum Arbeiten hast du aber auch nicht, oder?

Hartmut: *Wie auch, bei solchen Themen? Wollte dir nur noch mal sagen, dass ich das nicht böse oder abwertend gemeint habe. Ich finde es eher gut, dass wir über diese Themen reden können.*

Sybille: *Ich finde ja auch, dass wir viele Dinge im Vorfeld klären können.*

Hartmut: *Im Vorfeld wovon?*

Sybille: *Na, vielleicht wird aus uns ja auch mehr. Mal sehen.*

Hartmut: *Irgendwie habe ich hier Probleme mit dem Handynetz. Wirklich! Ich melde mich nachher noch einmal.*

Langsam knistert hier die Luft … Ich lenke mich mit Staubwischen und Wäschesortieren ab. Meine Gedanken sind aber woanders. Noch vor Kurzem war ich todtraurig, dass mir Olaf einen Laufpass gegeben hatte. Ich hatte ihn wirklich sehr gern. Ich hatte ihn kennengelernt, als ich noch bei meinem Mann lebte und mich von ihm so schlecht behandeln ließ. Auch er hatte Probleme mit seiner Frau, von der er schon viele Jahre getrennt lebte. Wir hatten uns gesucht und gefunden. Waren füreinander da, haben gemeinsam gelernt, wieder nach vorne zu schauen, haben viele tolle Dinge unternommen und auch die Nähe genossen. Er hatte mir geholfen, aus meiner Ehe auszubrechen, und mich bei meinem Neuanfang unterstützt. Im Gegenzug hatte ich ihm etwas von meinem Optimismus abgegeben und ihm geholfen, nach vorne zu schauen. Wir waren zu einem eingeschweißten Team geworden, wurden in die jeweiligen Familienkreise aufgenommen und meine Gefühle für diesen Mann wuchsen. Sie wurden immer stärker und er blieb auf der Stelle stehen. Er war noch nicht bereit, einen weiteren Schritt in eine gemeinsame Richtung zu gehen. Damit war unser gemeinsamer Weg beendet und ich habe noch bis vor einigen Tagen wehmütig zurückgesehen.

Jetzt bin ich wieder frei, schaue voller Neugier nach vorne und lasse mich überraschen, was das Leben für mich bereithält.
Und schon reißt mich das Klingeln meines Telefons aus meinen Gedanken.

Hartmut: *Naaa, du. Hatte wirklich kein Netz und hier ist's auch nicht so doll. Irgendwie ist heute der Wurm drin. Ich fahre jetzt nach Hause.*

Sybille: *Feierabend? Hast du denn was schaffen können?*

Hartmut: *Nicht viel. Das Wichtigste schon. Ich will aber auch pünktlich zu Hause sein. Wir wollen nachher noch zum Kindergeburtstag unserer Enkeltochter, also der Enkeltochter meiner Frau, ist ja auch meine.*

Sybille: *Für die Familie wahrt ihr wohl den Schein und seid noch richtig verheiratet?*

Funkstille … wieder keine Verbindung. Wenige Sekunden später klingelt es erneut:

Hartmut: *Kannst du mich jetzt hören? Also, heute spinnt das Netz total.*
Ich wollte doch erzählen. Die Kinder wohnen in Berlin und da müssen wir ja nicht mit beiden Autos fahren. Wäre ja Quatsch.

Sybille: *Da hast du recht. Dann wünsche ich dir viel Spaß.*

Hartmut: *Lust habe ich eigentlich nicht, möchte aber meine Enkeltochter nicht enttäuschen.*

Dieses Mal bricht das Netz bereits nach acht Sekunden zusammen, aber es gibt ja noch andere Kommunikationsmöglichkeiten, zum Beispiel Whatsapp!

Hartmut: *Selfie mit seinen beiden Enkeltöchtern*

Sybille: *Selfie mit den Enkelkindern Leo, Maja, Max und Erik*

[11.3., 12:35] Sybille: Und noch meine große Enkeltochter mit Mann. Die Kleine bin ich 🙂🤣

Irgendwann bereite ich mich auf den geplanten Abend vor. Kleidung sportlich leger, denn wir wollen ja tanzen. Haare stylen ist ein Muss. Ich freue mich darüber, dass meine beste Freundin mich eingeladen hat, mit ihr, ihrem Mann und ein paar Freunden auszugehen. Lange habe ich in Dessau gewohnt und wir haben dort noch einige gemeinsame Bekannte. Sie wollte mich ablenken und auf andere Gedanken bringen. Dass Olaf und ich uns nicht mehr sehen, hatte mich schon sehr getroffen. Meine liebe Bettina, ich glaube, ich werde dir heute schon mal von Hartmut berichten. Dieser Mann hat es mir irgendwie angetan …

[11.3., 20:07] Sybille: Lahme Party, aber ich kann mal mit meiner Freundin quatschen. Fahre auf jeden Fall heute noch nach Hause. Da war auf deinem Kindergeburtstag bestimmt mehr los.

[11.3., 22:17] Hartmut: Echt? War doch Rock angesagt … Also nicht kleidertechnisch, sondern Musik?

[11.3., 22:19] Sybille: Ja, ist eher Disco, bewegen kann man sich ja trotzdem etwas und alkoholfreie Cocktails schlürfen.

[11.3., 22:21] Hartmut: Alkoholfrei???? Was für `ne Schei…party.

[11.3., 22:22] Sybille: Freiwillig, ich will noch nach Hause fahren.

[11.3., 22:34] Hartmut: O. k., fahr vorsichtig!

[11.3., 22:36] Sybille: Mach ich, nicht dass mir was passiert und ich einen neuen spannenden Lebensabschnitt, der möglicherweise vor mir liegt, verpasse.

[12.3., 00:24] Sybille: Bin zu Hause angekommen und gehe jetzt ins Bett. War doch noch ganz schön mit Ostrock und so. Schlaf schön. ☾

Sonntag, 12. März

[12.3., 07:01] Sybille: Guten Morgen, lieber Hartmut, so langsam werde ich wach.

Dann werde ich mutig und schicke ihm ein Selfie von meinem Kopfkissen, auf dem mein Kopf mit den zerzausten roten Haaren liegt. Ein Auge ist auch schon fast auf. Soll er doch mal sehen, worauf er sich möglicherweise einlässt.

[12.3., 07:02] Sybille: Das ist die ungeschminkte Wahrheit am Morgen. Wenn du die verträgst, ist alles gut. 😉😢

[12.3., 08:16] Hartmut: Guten Morgen, so darf der Tag beginnen!

[12.3., 08:18] Hartmut: Dachte erst, dein Kissen brennt, hatte noch keine Brille auf. 🤣

[12.3., 08:18] Sybille: Das freut mich. Heute gibt's bei mir auch mal richtig Frühstück. Was hast du heute so vor? Ich habe noch nichts geplant. Mal sehen.

[12.3., 08:19] Sybille: Ja, ich bin Feuer und Flamme 😉

[12.3., 08:19] Hartmut: 🤣🤣🤣🤣

[12.3., 08:20] Hartmut: Samstagsarbeit nachholen, waschen, bügeln, Wäsche sortieren, sauber machen. Hatte gestern absolut keinen Bock …

[12.3., 08:22] Sybille: Ein richtiger Hausmann!!! Teilt ihr euch nicht die Hausarbeit? Ihr wohnt doch noch unter einem Dach?

[12.3., 08:22] Hartmut: Nicht alles natürlich. Da, wo man zusammen etwas nutzt, ja. Sonst nicht.

[12.3., 08:23] Sybille: Also machst du dein Bett alleine. 😉😐

[12.3., 08:27] Hartmut: 😇😇 Jawohl!

[12.3., 08:34] Sybille: Mir fällt gerade nichts Schlaues ein, was ich dir schreiben könnte. Bin langsam nur richtig neugierig auf dich. 🤔😄

[12.3., 08:38] Sybille: Jetzt ist mir doch noch was eingefallen, hoffentlich ist das nicht zu frech: Ich mache mein Bett auch alleine, aber beim Zerwühlen hätte ich gern etwas Hilfe. 😥😄

[12.3., 09:36] Hartmut: Darum die roten Haare ... bist du dadurch unter der Decke leichter zu finden? 👓🙈

[12.3., 09:37] Sybille: Ich besitze auch rote Bettwäsche ... Falls ich mich mal tarnen möchte ...

[12.3., 09:38] Hartmut: 😂😂😂

[12.3., 09:39] Hartmut: Rote Bettwäsche als Ersatz für Migräne ... schlau! 👍

[12.3., 09:40] Sybille: Verstehe ich nicht, kenne mich auch mit Migräne nicht aus, so was habe ich nicht.

[12.3., 09:43] Sybille: Schade, reden/telefonieren wäre einfach, aber schön, dass du denkst, dass ich schlau wäre ...Das habe ich mir auch schon so manches Mal gedacht. 😄😄😄

[12.3., 11:26] Sybille: Was gibt es bei dir zum Mittagessen? Ich habe heute Frikassee. Und dann mache ich ein schönes Mittagsschläfchen. Die Nacht war ein bisschen zu kurz. 🫠

[12.3., 13:40] Hartmut: Ich hatte noch eine Kaninchenkeule von Weihnachten fertig eingefroren, dazu Rosenkohl. War lecker.

[12.3., 13:40] Hartmut: Ich leg mich auch eine halbe Stunde hin und danach bügeln.

[12.3., 14:10] Sybille: Lieber Hartmut, jetzt hast du mich beim Schwindeln ertappt. Ich hatte angekreuzt, ich esse alles. Es hätte heißen müssen: alles – außer Rosenkohl! Mein Frikassee war auch noch von Weihnachten. Gibt es bei mir immer an Heiligabend.

[12.3., 14:50] Hartmut: Das ist ja kein Schwindeln. Aber ich esse tatsächlich alles, oder probiere es wenigstens.

[12.3., 14:53] Sybille: Schon ausgeschlafen?

Ich probiere auch alles, habe mich nur einmal geweigert. Diesen fermentierten Hai in Island hat nur mein Mann probiert. Als die Wirtin mit der Vorratsdose kam, haben auch alle den Raum verlassen. Der Geruch war abscheulich.

[12.3., 14:56] Hartmut: https://youtu.be/YCnZm8IuG9Q Hab ich auch probiert 🥴 und die Leute in dem Video offensichtlich auch.

[12.3., 15:02] Hartmut: Eishai oder Grönlandhai sieht schon lebend eklig aus, ein paar Wochen vergraben wird der nicht leckerer, denk ich. Surströmming ist fermentierter Hering. Die Büchsen dürfen nicht mit dem Flugzeug transportiert werden, der Geruch ist unbeschreiblich.

[12.3., 15:07] Sybille: Habe gerade den Film angesehen. Hat mir nicht unbedingt Appetit gemacht, obwohl ich mich so schnell nicht ekle. Was du wieder alles weißt, dir kann man ja gar nichts Neues erzählen. Hoffentlich langweile ich dich nicht bald.

[12.3., 15:30] Hartmut: Nur mal so bemerkt: Jeder Liter Süßwasser auf der Erde wurde im Schnitt schon dreimal getrunken.

[12.3., 15:32] Sybille: Wie gesagt, ich bin nicht so pingelig.

[12.3., 15:33] Hartmut: 🤣

[12.3., 15:33] Hartmut: Pro Minute werden in Deutschland über 340 Kondome verbraucht.

[12.3., 15:34] Sybille: Na, du kannst ja Gedankensprünge machen.

[12.3., 15:39] Hartmut: Weißt DU, dass Mozart auch Kanons komponierte?

[12.3., 15:40] Sybille: Thema Kondome: Um dich vor mir zu schützen, brauchst du keine, andersherum weiß ich nicht, wo du doch bei den Potsdamer Mädels sehr begehrt bist. 😄🤭

[12.3., 15:41] Hartmut: Ich bin sauber, definitiv.

[12.3., 15:41] Sybille: Hey, Schlaubi Schlumpf, Mozart hat so ziemlich alles komponiert, und das schon beginnend mit 3 Jahren.

[12.3., 15:42] Hartmut: Aber weißt du auch das: Mozart komponierte 1782 zwei Kanons mit höchst ungewöhnlichen Namen: „Leck mich im Arsch" und „Leck mir den Arsch fein recht schön sauber".

[12.3., 15:42] Sybille: Super, dann braucht man nur noch `ne Dusche.

[12.3., 15:43] Hartmut: Zu zweit duschen mag ich sehr.

[12.3., 15:44] Sybille: Weißt du auch, dass Brecht ein Stück mit dem Titel geschrieben hat: „Am besten fickt man erst und badet dann"? 🤭

[12.3., 15:49] Sybille: Zu zweit duschen ist toll, geht bei mir schlecht, ich habe nur `ne Wanne mit Duschmöglichkeit. Da müssen wir uns ein Hotelzimmer nehmen. Sonst hätte ich dich ja nach Piesteritz eingeladen.

[12.3., 15:53] Hartmut: „Am besten fickt man erst und badet dann. Du wartest, bis sie sich zum Eimer bückt, besiehst den nackten Hintern, leicht entzückt. Und langst sie, durch die Schenkel, spielend an. Du hältst sie in der Stellung, jedoch später sei's ihr erlaubt, sich auf den Schwanz zu setzen. Wünscht sie, die Fotze aufwärts sich zu netzen. Dann freilich, nach der Sitte unserer Väter, dient sie beim Bad. Sie macht die Ziegel zischen im schnellen Guss (das Wasser hat zu kochen) und peitscht dich rot mit zarten Birkenreisern. Und so, allmählich, in dem immer heißen balsamischen Dampf lässt du dich ganz erfrischen. Und schwitzt dir das Geficke aus den Knochen."

[12.3., 15:53] Hartmut: War schon `ne Nummer, der Bertolt ...

[12.3., 15:55] Sybille: Das hast du jetzt aber nicht auswendig gekonnt, oder? Dir hat doch Herr Google geholfen?!!! Mann, hoffentlich bist du nicht zu schlau für mich!

[12.3., 15:57] Hartmut: Tante Google, ja. Aber ich wusste, dass irgendwann in den 80ern ein Buch mit solchen Gedichten von Brecht erschienen ist.

[12.3., 15:58] Sybille: Ich hab das in Leipzig im Kabarett mal so gehört.

[12.3., 16:13] Sybille: Jetzt hören wir mal langsam mit diesem Thema auf. Das ist ganz schön gemein, mich so anzuheizen. Am Ende muss ich heute Abend in meinen Nachtschrank greifen und die schönen Spielzeuge rausholen, die mir „Orion" geschickt hat. Puh!!!

[12.3., 16:15] Hartmut: O. k., ich muss bügeln. (😮😎)

[12.3., 16:17] Sybille: Mach das, morgen hat der Chef 4 Damen zum Vorstellungsgespräch. Da muss das Hemd sitzen!!! 😄 👍

[12.3., 16:37] Sybille: Manchmal fällt der Frischen pfennigweise: Jetzt habe ich das mit der Migräne endlich verstanden!!!!! 🤣😉

[12.3., 16:47] Sybille: Der „Groschen", meinte ich, mein Handy-Schreibprogramm hört also auch nicht mehr auf mich. 😢😉

[12.3., 19:54] Hartmut: So, alles erledigt. 🙃 Nun den Sonntag sacken lassen und morgen geht`s wieder rund. Kinder noch anrufen.

[12.3., 19:54] Hartmut: Bei dir alles gut?

[12.3., 19:56] Sybille: Ja, alles gut.Habe auch gerade mit meiner kleinen Fußball-Maus Maja telefoniert. Sie ist morgen dran mit Oma-Tag und darf dann auch bei mir schlafen.

[12.3., 20:02] Sybille: War vorhin noch im Büro, Spesen-abrechnung war fällig und Freitag hatte ich absolut keine Lust mehr. 'ne Arbeitswoche ist ja schon herausfordernd und dann diese intensiven Gespräche ... Da brauch mal auch mal einen Gammelabend einlegen und eine ges sacken lassen.Morgen geht die Woche wieder los und ich freue mich, wenn ich deine Stimme höre. [Hier Bild 3.jpeg einfügen]

[12.3., 20:04] Sybille: Oh Gott, was habe ich denn da zu-sammengeschrieben? Ich hoffe, du kannst dich durch-wurschteln. 😮

[12.3., 20:16] Hartmut: Na ja ... mit Fantasie geht es. 🤣 Freu mich auch auf Stimme, Zusammenfassung geschafft.

[12.3., 20:18] Hartmut: Bleibt die Schublade zu?

[12.3., 20:19] Sybille: So, heute gibt es Tee. Noch ein bisschen fernsehen und stricken und dann geht es ab ins Bett.

[12.3., 20:21] Sybille: Weiß noch nicht! Vielleicht muss ich ja an dich denken, wenn ich nicht gleich einschlafen kann.

[12.3., 20:28] Hartmut: Oh, oh. Ich schau VOX

[12.3., 20:29] Hartmut: Kennst mich ja noch nicht wirklich

[12.3., 20:30] Sybille: Stimmt, wie auch ...

[12.3., 20:30] Hartmut: Kann sowohl nach vorn als auch nach hinten losgehen …

[12.3., 20:33] Sybille: Aha, na, dann schauen wir mal, lassen wir uns überraschen.

[12.3., 20:37] Sybille: … und wenn wir uns nicht bald mal sehen, wird die Enttäuschung immer größer, wenn es nicht passt. So, deine Sendung geht weiter. … Ich schaue SAT.1, „Black Panther".

[12.3., 20:50] Hartmut: Wo du recht hast, hast du halt recht.

[12.3., 20:51] Sybille: Stimmt, deine Sendung ist weitergegangen, oder … 🤣😀😉

[12.3., 20:52] Hartmut: Jupp 😘

[12.3., 20:53] Sybille: Auch jupp, so!

[12.3., 20:55] Sybille: Lass uns morgen wieder reden. Ich wünsche dir schon mal eine schöne Nacht. 🫠🌜

Kapitel 6

Fast schon eine Beziehung ... per Whatsapp

[13.3., 06:07] Sybille: Guten Morgen, Hartmut, ich wünsche dir einen wunderschönen Tag.

Endlich klingelt es. Und ich glaub es nicht. Er singt:

Hartmut: *„Guten Morgen, guten Morgen, guten Morgen, Sonnenschein."*

Sybille: *Behaupte nicht noch mal, du seist unmusikalisch ... mir hat es gefallen.*

Hartmut: *Na ja, nicht schön, aber selten ...*

Sybille: *Das war ja ein kommunikatives Wochenende. Weißt du, dass wir allein gestern 73 Whatsapp-Nachrichten hin und her geschickt haben? Als hätten wir nebeneinander auf der Couch gesessen und uns unterhalten. So viel reden manche Paare eine ganze Woche nicht miteinander.*

Hartmut: *Wir sind ja auch kein Paar und haben uns auch noch viel zu erzählen, zum Beispiel die Erlebnisse der jeweils 63 Jahre.*

Sybille: *Das stimmt und das stimmt auch. Dann erzähl doch mal. Bist du auf die heutigen Vorstellungsgespräche vorbereitet?*

Hartmut: *Ich brauche da nicht viel zu tun. Ich weiß ja, was ich will. Die Kandidatinnen sollten sich Gedanken machen. Eine Bewerberin war ja schon mal hier, um sich persönlich* *nach der Stelle zu erkundigen. Die will wirklich. Ist schon mal eine gute Voraussetzung. Bei der anderen sieht die Bewerbung top aus mit allen Qualifikationen.*

Sybille: *Na, da wirst du ja sicher jemanden finden, der dir dann viel Arbeit abnehmen kann. Gutes Personal findet man auch nicht so einfach.*

Hartmut: *Und du hast heute deine Enkeltochter zu Besuch?*

Sybille: *Ja. Das ist die Jüngste von meiner Stieftochter aus dem Nachbarort. Heute ist Oma-Tag und sie ist dran, immer im Wechsel mit ihrem älteren Bruder. Das machen wir beziehungsweise jetzt ich schon seit ihrer Geburt. An einem festen Tag in der Woche hole ich sie zu mir, kümmere mich natürlich auch um Hausaufgaben und Schule, dann spielen wir oder unternehmen noch was und sie übernachten dann auch hier. Am nächsten Tag bringe ich sie in die Schule. Wir hatten einen schönen Tag und die Eltern hatten mal frei.*

Hartmut: *Machst du das mit allen deinen Enkelkindern?*

Sybille: *Leider nicht. Die drei Kinder von meinem Sohn wohnen zwei Autostunden entfernt. Dafür haben sie schon seit Jahren eine Woche Ferien mit und bei Oma. Die Große nun nicht mehr. Sie studiert und ist inzwischen verheiratet. Nr. 2 war im letzten Sommer letztmalig in den Ferien bei mir und hat dann mit der Lehre angefangen. Aber ich habe ja noch Max. Er kommt dann weiterhin in den Ferien zu mir und freut sich schon, weil Oma ja immer Programm bietet.*

Hartmut: *Tut mir leid. Jetzt kommen schon wieder Anrufe rein. Montagmorgen eben. Ich rufe heute Nachmittag noch mal durch.*

Sybille: *Alles klar. Hab einen schönen Tag.*

06:33 Uhr: Jetzt wird es aber Zeit für einen Kaffee. Dann noch duschen, Haare machen, Pausenbrote schmieren, Tasche schnappen und los!

[13.3., 10:20] Hartmut: interessantes Wortspiel auf diesem Video 🤣

[13.3., 10:50] Sybille: Du denkst aber auch an nichts anderes mehr?!?!?! Wie lange ist das bei dir her?

[13.3., 10:53] Sybille: Danke, dass du mir gute Laune geschickt hast. Wortspiele sind ja auch sehr toll, z. B.: „Wenn man Wurst heißt, sollte man sein Kind nicht Hans nennen." Viel Erfolg und viel Freude bei deinen Damen-Kontakten heute. 👍😉😀

[13.3., 10:56] Hartmut: Wer die Wahrheit im Wein sucht, sollte nicht gleich nach dem ersten Glas aufgeben!

[13.3., 11:01] Hartmut: Genitiv ins Wasser, weil es Dativ ist!

[13.3., 11:11] Hartmut: Den find ich klasse: Heute war Schrottwichteln im Kindergarten ... wir sind die neuen Eltern von Kevin!

[13.3., 11:21] Sybille: Schade, dass du mich nicht lachen hörst, der letzte Spruch ist definitiv der beste!!! 🤣🤣🤣

[13.3., 12:00] Sybille: Ich kann noch besser, aber dann ist gut: ... Cartoon ... (Inhalt wird nicht verraten)

[13.3., 12:02] Hartmut: 🤣😎🥴

[13.3., 12:02] Sybille: So, und nun Themenwechsel!!!

[13.3., 12:20] Sybille: Durch für heute! Fahre jetzt tanken und dann nach Hause! Um 3.00 Uhr hole ich dann meine Maja ab. Vorher noch auf der Terrasse einen Kaffee bei 13 Grad und 🌞

[13.3., 12:42] Hartmut: Sonne nicht, aber 12 Grad. Steh gerade draußen rauchen. 13.00 Uhr nächster Termin

[13.3., 12:45] Sybille: Aha, der gleiche Herr, die nächste Dame? (Eigentlich war das ja umgekehrt 😓😀

[13.3., 13:48] Hartmut: Ich glaub, ich habe die Richtige gefunden fürs Büro. Schau mir die anderen heute, morgen und Mittwoch aber noch an. Kann ja sein, dass mich eine andere umhaut.

[13.3., 13:50] Hartmut: Sagte schon, dass ich diesbezüglich eher konservativ bin. 😛

[13.3., 13:51] Hartmut: Früher vlt. den sportlichen Ehrgeiz gehabt ... Heute nur das wissende Lächeln

[13.3., 13:52] Sybille: War ja auch ein Scherz, ich möchte meinen Mann/Freund auch nicht teilen.

[13.3., 13:55] Sybille: Also hast du dich schon ausgetobt. Ich auch. Ich will es jetzt nur noch schön haben und genießen.

[13.3., 14:40] Sybille: Na, trinkst du auch gerade Kaffee? Nix mit draußen ... Regen und Wind.

[13.3., 16:16] Hartmut: Jetzt hab ich zwei und ein Problem ❓🤨!

[13.3., 16:21] Sybille: Ja, wenn man nicht genug haben kann. Mach sie zur Assistentin, dann kann der Chef öfter mal freinehmen und nach Skandinavien oder Piesteritz fahren😀😀😀

[13.3., 16:22] Sybille: Für die anderen zwei, die morgen und übermorgen kommen, musst du dir halt was ausdenken. Du bist also einer, der nicht Nein sagen kann!!!!!!! Sehr gefährlich für dich.

Schon kurz darauf klingelt das Telefon. Das wird wohl der versprochene Anruf von Hartmut sein:

Hartmut: *Naaaa, du. Hast du schon deine Enkeltochter da?*

Sybille: *Na klar. Wir spielen gerade Karten. Für die Schule morgen ist alles erledigt und jetzt können wir ein bisschen spielen. Dann hat mich Maja noch überredet, zum Abendbrot zur „Goldenen Möwe" zu fahren, und schon ist der Abend wieder rum.*
Und, *wie war dein Tag?*

Hartmut: *Hab dir ja schon geschrieben. Mein größtes Problem ist, dass ich mich für die Assistentinnen-Stelle zwischen zwei Kandidatinnen entscheiden muss. Da schlaf ich noch mal drüber und den anderen beiden sag ich morgen ab. Ansonsten hat es gereicht heute. Bin froh, wenn ich zu Hause bin. Unterwegs noch kurz anhalten und auf Nahrungssuche gehen.*

Sybille: *Na dann. Komm erst einmal an. Wir können ja morgen wieder reden.*

[13.3., 18:35] Sybille: ... Selfie mit Maja bei McDonald's ... Die Kinder können diese Fotos definitiv besser als wir. Untertitel: Nahrungssuche erfolgreich!!!

[13.3., 19:04] Hartmut: Einen guten (Appetit)

[13.3., 19:12] Hartmut: Mein Enkel heute 🤣 ... Foto vom Eintrag ins Hausaufgabenheft ... Linus begrüßt die Lehrkraft mit den Worten: „Nicht du schon wieder!"

[13.3., 19:29] Sybille: Welche Klasse?

[13.3., 19:31] Sybille: Zum Glück müssen wir als Großeltern das nicht alles so ernst sehen.

[13.3., 19:34] Hartmut: 1. Klasse, nehmen die Eltern auch nicht. Der ist halt so.

[13.3., 20:15] Sybille: So, Kartenspiel beendet, jetzt machen wir das Kind bettfertig (spielt dann eh noch auf ihrem Handy rum) und ich gehe noch mal auf meinen Stepper ... Habe eindeutig zu viel gegessen. 🙃

[13.3., 20:59] Sybille: Ich wünsche dir eine gute Nacht. Gehe jetzt ins Bett. Bekomme kein Fernsehprogramm mehr rein und das bringt mich auf die Palme. Ich und Technik 🙁😏😵 keine Ahnung, was ich da verstellt habe, als ich von YouTube zurückwollte. Das macht mich wahnsinnig ... Morgen ist auch noch ein Tag.

[13.3., 21:35] Hartmut: Schlaf schön! 🫠

[13.3., 21:36] Sybille: Du auch.

[13.3., 22:33] Hartmut: Schaust toll aus! 🙃

Das war die Reaktion auf das Selfie ...

[13.3., 22:35] Sybille: Du schläfst ja noch nicht.

[13.3., 22:35] Sybille: Nicht verwechseln, ich bin die im Hintergrund.

[13.3., 22:36] Hartmut: Echt? Da war ich aber dicht dran …

[13.3., 22:37] Hartmut: 🤣🤣😙 Schlaf schön, Ich bin geschafft für heute …

[3.3., 22:38] Sybille: Schön, dass du mich zum Lachen bringst. Schlaf du auch schön.

[13.3., 22:38] Hartmut: 😘

Wow, das war das erste Herz-Kuss-Emoji von Hartmut. Er hat also angefangen mit der Online-Knutscherei. Nur um das für die Nachwelt festzuhalten. Da küsse ich aber gleich zurück.

[13.3., 22:39] Sybille: 😘🫠🌜

[13.3., 22:40] Hartmut: 😀🙃

März

[14.3., 06:17] Sybille: Guten Morgen. 😀

[14.3., 07:09] Hartmut: Guten Morgen 😀

[14.3., 07:20] Sybille: So, Kind in die Schule gebracht und jetzt geht es ab nach Halle, ich wünsche dir einen schönen Tag! 😀😀😀

[14.3., 10:38] Sybille: Hallo, Hartmut, Stress oder meiner überdrüssig? Und dabei wollte ich auf deine Empfehlung hin heute mal Nacktschlafen üben. 😀😓

[14.3., 12:30] Hartmut: Dienstag ist mein Stresstag. Immer sehr viele Termine incl. Mittagessen mit Kunden.

[14.3., 12:32] Sybille: Schön, wenn alles gut bei dir ist.

[14.3., 13:15] Hartmut: Ist alles gut! Das mit dem Nacktschlafen kann ich dir beibringen, das kann ich recht gut!

[14.3., 13:16] Sybille: Gerne …

[14.3., 14:16] Hartmut: https://vm.tiktok.com/ZMYu6wgQy/ Video: Essen ist der Sex des Alters. Nur mal so nebenbei 🤣

[14.3., 14:30] Sybille: 😂😀😉 Aber Essen wird überbewertet.

[14.3., 14:38] Hartmut: Ist wie alles Geschmacksache 😛

[14.3., 14:41] Sybille: Mit Johann König, siehe Video, würde ich aber lieber nur essen 😀

[14.3., 15:14] Hartmut: Witzig ist der schon.

[14.3., 15:20] Sybille: Geht so, Olaf Schubert gefällt mir besser und Paul Panzer, Dieter Nuhr, Rüdiger Hoffmann, Katrin Weber …

[14.3., 15:25] Sybille: Ich habe Hirschhausen vergessen, den mag ich besonders.

[14.3., 15:42] Hartmut: Hirschhausen mag ich seit Corona nicht mehr.

[14.3., 15:43] Hartmut: Letzter Termin heute: Vorstellungsgespräch Vorarbeiter

[14.3., 16:03] Sybille: Lass dich überraschen ...

17:17 Uhr: ... und da war sie wieder... diese beruhigende Stimme, die mir gute Laune bringt:
Hartmut: *Naaaa, du. Hat bei dir heute alles geklappt?*

Sybille: *Ja klar. Und gerade telefoniere ich mit einem Mann, dessen tolle Stimme mir gleich wieder gute Laune macht. Und, hast du deinen Stresstag einigermaßen überstanden?*

Hartmut: *Na, geht so. Lange mache ich das auch nicht mehr mit. Im April fahre ich endlich wieder nach Skandinavien. Ansonsten habe ich ja schon einen Käufer für die Firma gefunden. Der wird nächstes Jahr hier vernünftig eingearbeitet und dann ist Pumpe. Ruhestand ist in Aussicht.*

Sybille: *Du arbeitest ja auch ganz schön viel. Wenn ich sehe, wann du losfährst und wann du wieder zu Hause bist, stelle ich mir das sehr anstrengend vor. Du musst ja eine eiserne Gesundheit und Nerven wie Drahtseile haben.*

Hartmut: *Na, mit der Gesundheit ist das auch nicht mehr so toll. Da stellt sich mit dem Alter auch das eine oder andere ein.*

Sybille: *Geht mir ähnlich. Was hast du denn für Leiden?*

Hartmut: *Diabetes grenzwertig, aber im Rahmen, die Pumpe spinnt manchmal ein bisschen und mit meinem Knie habe ich auch schon tüchtig was durch. Womit ich ein richtiges*

Problem habe, ist die Aorta. Die ist verschlussgefährdet und ich muss das jedes Jahr untersuchen lassen.

Sybille: *Nimmst du auch entsprechende Medikamente?*

Hartmut: *Gegen Bluthochdruck. Aber keine ß-Blocker, falls du darauf anspielst. Und was hast du so für Krankheiten?*

Sybille: *Mein Blutdruck ist normal. Das ist die gute Nachricht. Ansonsten auch Altersdiabetes, aber gut eingestellt, die Gelenke spinnen hin und wieder, liegt wohl am Verschleiß. Und Arthrose. Das Lungenemphysem habe ich vom Rauchen und dann noch Dinge, die viele Frauen in meinem Alter haben, die ihr Leben lang Stress hatten, aber dagegen bekomme ich ja Psychopharmaka …*

Hartmut: *Jetzt hör aber mal langsam auf, sonst überlege ich mir das noch mit dir.*

Sybille: *Ja, mit 63 ist der Lack auch schon mal beschädigt. Oder wolltest du ein Modell ohne Kratzer? Offensichtlich kannst du aber gut mit Stress umgehen.*

Hartmut: *In Stresssituationen habe ich immer priorisiert, die wichtigen Dinge erledigt und die weniger wichtigen nach hinten geschoben. Das habe ich schon in der Schule so gemacht. Da habe ich auch nie wirklich gelernt und trotzdem gute Noten bekommen. Diese Methode habe ich mein ganzes Leben lang angewendet und bin damit relativ nervenschonend durchgekommen.*
Wenn es dann zu viel wird und ich gar nicht mehr kann, muss ich halt blocken. Versteht nicht jeder, aber so bin ich nun mal.

Sybille: *Dann schau mal, dass du heute Abend ein bisschen zur Ruhe kommst und morgen wieder fit bist.*

Hartmut: *Versuche ich. Mach`s gut für heute.*

Ich öffne die Galerie in meinem Handy und sehe mir ein Bild von Arne an, der auch Hartmut heißt. Ich sehe blaue, klare Augen und dazwischen zwei tiefe „Zornesfalten“ in einem lieben Gesicht. Diese Falten sagen mir, dass dieser Mann schon sehr viel Stress, Anspannung und Schmerz durchlebt hat. Sie sind aber auch ein Zeichen von Verwunderung. Ich glaube, dass er mit offenen Augen durch das Leben geht und sich noch über kleine Dinge am Wegesrand freuen und wundern kann. Man könnte gegen die Falten etwas tun, zum Beispiel Hyaluronsäure, Botox, Cremes und Seren, Antifalten-Masken, Gesichtsgymnastik und Entspannung. Da Hartmut es natürlich mag und seine Falten sicher mit Stolz trägt, plädiere ich für Option 5 und 6: Ich könnte ihn zum Lachen bringen und somit die Gesichtsmuskeln in einen Gymnastikmodus versetzen und anschließend für Entspannung sorgen. Letzteres ist per Whatsapp schwierig und vor allem nicht so schön. Es wird Zeit, dass wir uns treffen.

[14.3., 19:59] Hartmut: Heut werde ich nicht alt, trink noch ein Glas Wein, geh unter die Dusche und ab in die Koje ... Im Fernseher kommt auch nichts ...

[14.3., 20:02] Sybille: Ich gehe auch bald ins Bett, trinke keinen Wein, dusche morgen früh und Fernseher reizt mich auch nicht. Läuft nur, weil ich mich freue, dass er wieder geht. War schon kurz eingenickt.

[14.3., 20:07] Sybille: Hatten heute ja auch sehr ernste Gespräche, finde ich gut, dass du mir so viel von dir erzählst. Stehe morgen zeitig auf und freue mich, wenn der Tag mit deiner Stimme beginnt. 😀

[14.3., 20:12] Hartmut: 😙 Süße Träume 🫠

[14.3., 20:12] Sybille: Dir auch. 🫠

[14.3., 20:18] Hartmut: Erzähl mir morgen von deinen ernsten Gesprächen heute!

??? ich meinte doch unsere Gespräche …

März

[15.3., 07:29] Sybille: Hui, hier ist Schneegestöber ...

[15.3., 09:22] Sybille: April, April ... Jetzt scheint die Sonne am Muldestaudamm.

[15.3., 09:43] Hartmut: Hier auch 🌞

[15.3., 10:55] Sybille: Total verrückt: Es hagelt in Bitterfeld!!!!!

Hartmut schickt mir via Whatsapp ein Cartoon … mit zweideutigem Inhalt.

[15.3., 11:27] Sybille: Geht das schon wieder los.

[15.3., 11:31] Sybille: Ich habe dafür heute im Buchdorf Mühlbeck ganz viele Kro-Küsse gefunden. Leider war kein Küsschen für Sybille dabei.

… Foto Krokuswiese …

[15.3., 12:10] Sybille: Weiter zum letzten Termin von Bitterfeld nach Dessau ...

[15.3., 12:10] **Hartmut:** Hilft vielleicht: 😘

[15.3., 12:10] **Sybille:** Danke schön 😘

[15.3., 14:42] **Sybille:** So, wieder zu Hause, jetzt gibt es erst einmal was zu essen ... Frühstück, Mittag und Kaffee, alles in einem ... Dann noch meine Anwältin anrufen und irgendwann ins Büro.

[15.3., 14:43] **Sybille:** Wie läuft es bei dir? Arbeitsverträge schon fertig?

Eingehender Anruf 17:15 Uhr

Sybille: *Na, alles geschafft? Arbeitsverträge unter Dach und Fach?*

Hartmut: *Ach, das ist ja die geringste Arbeit. Die Arbeitsverträge sind doch vorgedruckt, da muss man nur noch ein paar Sachen eintragen und fertig. Und wie war dein Tag?*

Sybille: *Habe mich durch das Aprilwetter gekämpft und unterwegs sogar Kro-Küsse bekommen. Da war der Tag gerettet!*

Hartmut: *Schön, langsam wird es Frühling. Da geht einem das Herz auf.*

Sybille: *Weißt du was? Du sagtest doch, dass du im April nach Skandinavien fährst. Da glaubte ich mich zu erinnern, dass auf deinem Profil „Sternzeichen: Stier“ stand. Ich wollte da noch mal nachgucken und dann warst du nicht mehr zu finden.*

Hartmut: *Stimmt, ich habe das erst einmal alles rausgenommen. Brauche ja jetzt gerade nicht zu suchen. Und Sternzeichen Stier stimmt auch. Ich habe am 25. April Geburtstag und meinen Geburtstag werde ich mit meinen Nachbarn und Freunden in Skandinavien feiern. ... Du sagst ja gar nichts mehr.*

Sybille: *Na ja, an dem Tag hat auch mein Noch-Ehemann Geburtstag.*

Hartmut: *Ist das jetzt ein schlechtes Zeichen?*

Sybille: *Warum? Das Gute ist, ich brauche mir kein neues Datum zu merken.*

Hartmut: *Dann haben wir das auch geklärt. Und wenn wir schon mal dabei sind: Wie hast du denn nächste Woche Zeit? Dann könnten wir uns ja mal treffen. Diese Woche wird bei mir nichts mehr, am Wochenende bin ich bei meiner Familie eingeplant, aber nächste Woche könnte gehen.*

Sybille: *Nächste Woche klingt doch super. Ich kann Montag nicht.*

Hartmut: *Habe auch Termine. Sagen wir Donnerstag oder Freitag? Eher Freitag. Einverstanden?*

Sybille: *Das klingt gut. Sprechen wir noch ab. Ist ja noch über eine Woche hin. Aber ich freue mich schon.*

Hartmut: *Klingt nach `nem Plan.*

[15.3., 20:02] Sybille: Hallo, lässt du es dir gut gehen? Ich habe heute gesündigt und mir ein paar Glücklichmacher gegönnt: MARZIPAN. Meine absolute Lieblingssüßigkeit!!!! 🥴 😀😀

[15.3., 20:24] Hartmut: Mag ich auch sehr. Marzipankartoffeln liiiiiebe ich.

[15.3., 20:29] Sybille: Hatte ich gerade, als Marzipan-Ostereier getarnt. Mhmm. Ich schicke dir ein Foto zum Neidischmachen …

[15.3., 20:35] Hartmut: 🙃🤣

[15.3., 20:38] Sybille: So, mein Lieber, ich wünsche dir eine gute Nacht und dass du gut schlafen kannst. Vergiss deine Tablette nicht. Morgen kannst du mir ja erklären, was es bedeutet, wenn dein Emoji auf dem Kopf steht. 👻

[15.3., 21:25] Hartmut: Schlaf schön 👻

[15.3., 23:53] Sybille: 👻🌜

Kapitel 7

Zehn Sonnenuntergänge und ein Wohnmobil

Auf meinem Nachtschrank klingelt es. Um 05.47 Uhr ist dieser fleißige Mann schon wieder unterwegs.

Hartmut: *Naaaa, du. Ich hoffe, ich habe dich geweckt, hihi …*

Sybille: *Na fast, und wenn, wäre das auch nicht schlimm. Dein „Naaaa, du" macht alles wett. Fährst du immer um diese Zeit los?*

Hartmut: *Ja, so gegen 06.00 Uhr. Im Sommer noch früher. Da dürfen wir auch schon eher Krach machen mit Rasenmähen und so. Also fangen meine Leute dann um 07.00 Uhr an zu arbeiten.*

Sybille: *Und wann stehst du dann immer auf? Erzähl doch mal, wie dein Morgen so abläuft.*

Hartmut: *Um 05.00 Uhr klingelt mein Wecker, bin aber meist schon vorher wach. Ab auf die Toilette, derweil läuft mein Kaffee durch. Frühstücken, Kaffee trinken und dann gehe ich raus, um die erste Zigarette zu rauchen. Wie gesagt, die ganz leichten. Danach duschen, Sachen zurechtlegen und dann gehe ich ganz nach oben auf die Toilette, öffne das Dachfenster, setze mich, lege mir ein Handtuch in den Nacken, damit ich kein steifes Genick bekomme, und rauche meine zweite Zigarette. Danach wird es Zeit. Anziehen und los.*

Sybille: *Und dann?*

Hartmut: *Dann fahre ich circa 30 Minuten bis zur Arbeit.*

Sybille: *Und rufst Sybille an?*

Hartmut: *Genau. Rufe ich gerade an oder rufe ich gerade an? Was für eine Frage.*

Sybille: *Ich weiß ja nicht, wen du sonst noch so anrufst. Für Männer ist es bestimmt leichter, auf dieser Plattform eine Frau zu finden, als umgekehrt.*

Hartmut: *Nun ist aber gut. Ich bin auch froh, dass ich mal jemand Vernünftigen gefunden habe. Darum habe ich das ja auch erst einmal dichtgemacht.*

Sybille: *War ja auch nicht so gemeint.*

Hartmut: *Ach so, ehe ich es vergesse: Und wie wird dein Tag heute?*

Sybille: *Das ist lieb, dass du fragst. Wird wohl ein normaler Arbeitstag werden: Kundenbesuche und zwischendurch immer mal eine Nachricht von einem lieben Mann, hoffe ich. Ich hoffe, du hast heute auch einen vernünftigen Tag und wenig Ärger.*

Hartmut: *Wird schon. Ich melde mich.*

[16.3., 12:26] Sybille: Am Wochenende wird bei mir der Frühling eingeläutet.

… Bild: Habe Frühblüher eingekauft …

[16.3., 12:31] Hartmut: So mach ich das immer in Skandinavien … Ö

Das Video zeigt einen Nordmann. Einen ganzen Kerl mit Wikingerbart und freiem Oberkörper, der von einem schneebedeckten Felsen mit lautem Gebrüll in ein tiefes Wasserloch springt. Das befindet sich mitten in einem winzigen, gefrorenen Bergsee. Mutig und Furcht einflößend … Darunter steht:
„Und Weicheier gehen morgens joggen 😀 "

So ein Angeber und total lustig.

[16.3., 12:33] Sybille: Ich habe gleich gesehen, dass du ein ganzer Kerl bist … Ich bin begeistert.

[16.3., 12:39] Hartmut: Einer davon bin ich …

Er postet mir ein etwas älteres Foto (aber schon in Farbe 🤣), auf dem fünf Soldaten vor einem Hubschrauber stehen.
Hartmut hatte mir ja bereits erzählt, dass er bei der Armee als Bordingenieur und Hubschrauberpilot eingesetzt war.

[16.3., 12:44] Sybille: Schwer zu erkennen ... der ohne Haare oder der mit den blonden Locken? Ich würde ja sagen: Alle scharf, wenn das Bild nicht so unscharf wäre!

[16.3., 12:45] Hartmut: Tipp: der mit dem „wenigsten" **Selbstbewusstsein** 😎🤣

[16.3., 12:47] Sybille: Also doch der zwischen den beiden Rotmützen 😉

[16.3., 12:47] Hartmut: Jupp 👍

[16.3., 12:49] Sybille: Fescher Kerl, hat sich ja nichts geändert 😢😀😖

[16.3., 12:50] Hartmut: Sag ja, dass ich noch nie an untertriebenem Selbstbewusstsein gelitten habe, schon gar nicht den Wessis gegenüber damals.

Sybille … Bild Kinderfoto … Meine Schwestern und ich…

[16.3., 12:54] Sybille: Ich hatte als Kind nie besonders viel Selbstbewusstsein. Ich bin die Schießbudenfigur in der Mitte …

… Bild von der blutjungen Sybille mit sechs Wochen altem Baby auf dem Arm …

[16.3., 12:55] Sybille: Das habe ich erst entwickelt, als ich musste. Ich konnte ja meinen Sohn nicht im Stich lassen.

[16.3., 13:04] Hartmut: Magst du Sonnenuntergänge?

[16.3., 13:04] Sybille: Natürlich!!!!

Zehn Bilder mit Sonnenuntergängen kommen bei mir an … einer schöner als der andere und jeder einzigartig.

[16.3., 13:06] Sybille: Siehst du so was traumhaft Schönes von deiner Terrasse in Skandinavien aus?

[16.3., 13:09] Sybille: Da werde ich voll neidisch. Auf der Terrasse sitzen, einen guten Wein trinken, mit jemandem tolle Gespräche führen und auf eine tolle Nacht warten …

[16.3., 13:09] Sybille: Wow …

[16.3., 13:11] Hartmut: Alle nur vom letzten Jahr … ich habe Hunderte davon, alle anders, bekomme nie genug davon.

[16.3., 13:12] Sybille: Da bekomme ich glatt mal wieder Lust zu malen …

[16.3., 13:13] Hartmut: Und noch ein Bild … das war Anfang Januar, mittags zwischen 12 und 13 Uhr, höher kommt die Sonne da nicht.

[16.3., 13:15] Sybille: Ich finde auf diesem Bild die Wolken viel interessanter, schau dir nur das Farbspiel an …

[16.3., 13:22] Sybille: Besonders gut getroffen finde ich den Sonnenuntergang mit dem Fischkutter, der gemächlich vor sich hin tuckert …

[16.3., 13:22] Hartmut: eines meiner Lieblingsbilder

Wollte eben Blut spenden. Nie wieder!!!
Was für ein Theater:
„Von wem ist das?
Wo haben Sie das her?
Warum ist das im Eimer?
mi, mi, mi …

[16.3., 13:24] Hartmut: 🤣🤣🤣

[16.3., 13:24] Sybille: Glaube ich dir, und schon macht die Blutspende die romantische Stimmung kaputt.

[16.3., 13:24] Hartmut: Kreisverkehr im Tunnel Hardangervidda … Foto …

[16.3., 13:27] Sybille: Schon interessant. Dass es in Norwegen viele Tunnel gibt und man immer mit Licht fahren muss, daran kann ich mich auch noch erinnern; an einen Kreisverkehr hingegen nicht. Ich weiß ja auch gar nicht mehr genau, wo ich war, 😢😉🙂🙂🙂 bekomme ich aber raus, muss ich meine Mutti fragen, ich war ja beide Male mit meinen Eltern dort.

[16.3., 13:30] Hartmut: Wenn man so abfahren muss, da ist schon bei der Abfahrt die Sehnsucht unmenschlich …

… und noch ein Foto aus dem Norden. Hinter dem Heck des fahrenden Bootes kräuselt sich das Wasser und die untergehende Sonne taucht die Klippen am Horizont in eine gelb-orangene Farbpalette.

[16.3., 13:34] Sybille: Ich merke schon, wie du dem April entgegenfieberst, kann ich verstehen … aber jetzt nicht 😢, so hast du immer ein Ziel vor Augen und weißt, wofür du arbeitest und lebst 😀

[16.3., 13:54] Hartmut: Kannst du dir das mit dem Wohnmobil auch vorstellen?

Und schon flattern mir 27 Bilder und Videos von einem schwarzen Luxuswohnmobil aufs Handy …

[16.3., 14:04] Sybille: Daaaaas ist dein Wohnmobil? Ich dachte, du hättest irgend so einen Anhänger. Aber das ist ja der Hammer. Natürlich kann ich mir das vorstellen; und wenn da auch ein Bett drin ist, wo man sich aneinanderkuscheln kann, wäre das die Kür. Ich bin hin und weg.

[16.3., 14:06] Sybille: Ist das mit Wohnmobil durch Norwegen?

[16.3., 14:14] Sybille: Das macht mich völlig verrückt, was bist du für ein Teufelskerl. Nicht nur, dass du ins Wasserloch springst 🙃😄😍, sondern du bist auch der totale Romantiker, der Macher, der seine Träume in die Tat umsetzt und lebt, der die Schönheit und Reize der Natur liebt und so viele schöne Dinge tut, die auch mir gefallen würden 😀😀😀😀 Wann wollten wir heiraten? 😋😉

[16.3., 14:14] Hartmut: Ja, in Norwegen mit dem Mobil

[16.3., 14:15] Hartmut: 🤣🤣

[16.3., 14:15] Sybille: Weinst du oder lachst du?

[16.3., 14:17] Sybille: Die Bilder habe ich jetzt zweimal, und wo ist das Bett????

[16.3., 14:21] Hartmut: Na da, Matratzen noch eingeschweißt

[16.3., 14:22] Sybille: Ach so, jungfräulich also. 🙂

Als ich noch so grübele und mir vorstelle, wie man einen Urlaub oder ein Wochenende mit einem solchen Wohnmobil verbringen könnte, klingelt mein Telefon. Das hatte ich jetzt nicht erwartet um 14.22 Uhr.

Hartmut: *Also, jetzt kann ich das mal genauer beschreiben. Du hast die Bilder gesehen?*

Sybille: *Ja, habe ich, und kann mir das auch vorstellen.*

Hartmut: *Eine Schlafmöglichkeit habe ich natürlich auch. Wenn man zu zweit unterwegs ist, muss man sich schon mögen, denn viel Platz ist da nicht. Das Ganze ist nur 1,40 Meter breit.*

Sybille: *Das ist doch ausreichend und zum Kuscheln allemal. Mit Hund dazwischen wird es natürlich eng.*

Hartmut: *So sieht es aus. Mein Hund muss zwar immer mit, aber der liegt unter dem Tisch.*
Früher hatten wir ein noch größeres Wohnmobil. Da gab es aber ein paar Situationen, wo man das nur schwer händeln konnte. Wenn man in der Natur fernab von breiten Straßen unterwegs war, wurde das manchmal schwierig. Deshalb hatte ich mir noch mal ein neues, kleineres zugelegt. Damit kommt man überallhin und das reicht auch. Hat mir schon gute Dienste geleistet.

Sybille: *Ist dein ganzer Stolz, oder? Ist bestimmt eine Art Zufluchtsort, wo dich niemand stört.*

Hartmut: *Im Sommer will ich wieder eine Tour durch Norwegen und Schweden machen. Kannst du dir das vorstellen?*

Sybille: *Klar kann ich mir das vorstellen. Wird bestimmt ein schöner Urlaub.*

Hartmut: *So, muss jetzt wieder rein, Zigarettenpause beendet. Melde mich nachher noch mal.*

[16.3., 14:46] Sybille: Und der Elch muss natürlich mit. 😄Viele Norwegen-Urlauber haben irgendwo ein Elch im/am Auto. Daran erkennt man sich ja auch. Habe bisher aber noch nie jemanden getroffen, der auch wirklich eine Begegnung mit `nem Elch hatte.Vielleicht auch besser so, wer hat schon Lust auf einen echten Elchtest?

[16.3., 14:53] Hartmut: Gesehen hab ich schon einige. In Schweden saß ich mal circa 20 Meter vom Ufer im Boot, da ist eine Elchkuh mit Kalb am Ufer entlanggetrottet.

[16.3., 14:56] Sybille: Bestimmt ein schönes Bild und ein tolles Erlebnis, aber so ein Muttertier möchte man eigentlich nicht verärgern. 😲 😄😄

[16.3., 15:15] Hartmut: Richtig, mir ging auch die Muffe.

[16.3., 15:15] Sybille: Das glaub ich dir.

Und wie versprochen ruft Hartmut mich auf seinem Heimweg an:

Hartmut: *Naaaa, du. Da habe ich dich ja heute mit einem ganzen Fotoalbum bombardiert. Das sind alles Dinge, die ich liebe und die mir wichtig sind.*

Sybille: *Ich dachte, du liebst auch die Damenwelt im Allgemeinen und im Speziellen.*

Hartmut: *Die natürlich auch, wollte dir aber keine Bilder von meinen Verflossenen schicken, obwohl ich da auch einige habe, hihi …*

Sybille: *Einige Bilder oder einige Verflossene?*

Hartmut: *Na beides, hihi … Ich war ja schon recht zeitig dabei und hatte mir das Ziel gesetzt, alle Mädchen aus meiner Klasse zu vernaschen. Hatte ich fast geschafft, bis auf eine. Da hat es erst ein paar Jahre später geklappt. Und stell dir vor, was mir da passiert ist: Am nächsten Morgen fragt sie mich doch tatsächlich, ob wir jetzt verlobt seien. Das hat mir echt die Sprache verschlagen und ich hab zugesehen, dass ich wegkam.*

Jetzt kann ich mich auch nicht mehr vor Lachen halten und schon erzählt er weiter:

Hartmut: *Einige Abenteuer später habe ich meine erste Frau kennengelernt. Sie Krankenschwester, ich bei der Armee, dann kamen unsere drei Kinder, die ich sehr, sehr liebe, aber mit der Wende ging da nichts mehr. Ich musste mir einen*

neuen Job suchen, um die Familie zu ernähren, und sie hatte nicht wirklich Lust zum Arbeiten und war auch mit den drei Kindern überfordert.
Und dann kam die eine gewisse Nacht, die ich bei der Nachbarin verbracht habe. Ich habe zu Hause meine Tasche gepackt und bin ausgezogen. Irgendwann wurde die Nachbarin meine zweite Frau. Tja, und dann gab es da noch ein paar andere Geschichten …

… und *eigentlich möchte ich schon, dass es ein letztes Mal richtig knallt.*

Sybille: *Ich hatte auch nicht nur einen Mann. Die Geschichten von mir erzähle ich dir mal, wenn du sie hören willst. Ich denke, du bist bald zu Hause, und ein paar Extrarunden hast du auch schon wieder gedreht. Wir reden jetzt schon über eine Stunde.*

Hartmut: *So ist es. Muss jetzt wirklich auflegen.*

Sybille: *Na dann bis bald.*

Meine Güte. Dieser Mann legt ja ein Tempo vor.

Mit drei Telefonaten und Whatsappen ohne Ende schwirrt mir heute der Kopf. Er hat ein klares Ziel und sucht jemanden, der da reinpasst. Könnte ich mir durchaus vorstellen, alles Dinge, die ich schon immer machen wollte. Heute hat er mich mit Bildern bombardiert: Liebst du Sonnenuntergänge …?

Zehn Sonnenuntergänge von seiner Terrasse in Skandinavien aus fotografiert … Kannst du dir vorstellen, eine Tour durch Norwegen oder Schweden mit dem Wohnmobil zu unternehmen? … Zig Fotos von seinem Wohnmobil und Landschaftsaufnahmen. Das alles sind Dinge, von denen

ich immer geträumt habe, und ich spüre seine Sehnsucht, diese schönen Dinge mit jemandem zu teilen.
Er erzählt mir alles von sich, wie er wohnt, wann er sich in welchem Raum aufhält, getrennt von seiner Frau, die andere Räume nutzt. Die Abläufe vom Aufstehen bis zum Ins-Bett-Gehen.
Alle Krankheiten und die OPs, die er je hatte. Was er an einer Frau liebt, wie er Sex und Zusammensein am liebsten mag, alles, bis hin zum Stuhlgang oder so.

Sein Leben kenne ich auch schon, war immer ein ganz schöner Filou, glaubt an Liebe auf den ersten Blick und hat auch immer danach gelebt: Frau sehen, verlieben, konsequent Zelte abbrechen und was Neues beginnen. Der ist mir ein bisschen zu ehrlich. Nach einer guten Woche weiß ich schon viel zu viel über ihn. Dann kommt immer: „Du sollst doch wissen, auf wen du dich da einlässt.“ Meine Güte. Ich hab das Gefühl, er haut mir alles um die Ohren und wenn er mich nicht verschreckt, bin ich die Richtige.
Ich habe ihm auch sehr deutlich klargemacht, was ich erwarte:

Ich muss ihm gefallen, wie ich bin, bin nicht bereit, ihn mit einer anderen zu teilen, habe keine Lust mehr, irgendwann wieder zu suchen, und suche was Ernstes für die Zukunft. Gemeinsam Zeit verbringen, füreinander da sein, Spaß haben und im Alter die Rente gemeinsam genießen.
Wir sehen uns nächste Woche Freitag das erste Mal. Wenn das so weitergeht, haben wir uns dann schon alles erzählt.

[16.3., 20:40] Sybille: Na, das war ja ein intensiver Tag mit dir ... so viele Informationen, Emotionen, Worte, Bilder ... Ich weiß jetzt um deine Frauengeschichten, deine Wünsche und Träume, was du für eine Frau suchst, wie du dir Zusammensein vorstellst, wann du rauchen gehst und Stuhlgang hast, hui ... War schon `ne Menge. Ich bin ganz schön geschafft, gehe bald ins Bett und freue mich, wenn mich morgen früh wieder eine liebe Stimme weckt. 😘

[16.3., 21:25] Sybille: Bist du sprachlos geworden? Hast ja heute auch viel geredet. Ich wünsche dir eine gute Nacht. 😄

[16.3., 21:34] Hartmut: Schlaf auch schön! Hatte langes Gespräch mit meiner Tochter. Der Großen. Musste mal sein.

[16.3., 21:35] Sybille: 🫠

[16.3., 21:36] Hartmut: 🫠

[16.3., 21:36] Hartmut: Das mit dem Stuhlgang hatte ich so nicht auf dem Schirm 🤔🤣

Während ich schreibe:

[16.3., 21:39] Hartmut: keine Romane zum Abend …

[16.3., 21:39] Sybille: Da könnte man denken: zweite Zigarette, zweiter Toilettengang, Dachfenster auf, Handtuch im Nacken … Ein sehr intimes Bild, das du da gemalt hast.

[16.3., 21:40] Sybille: O. K. Bis morgen

[16.3., 21:40] Hartmut: So bin ich halt 🙃 bis morgen 😘

[16.3., 21:41] Hartmut: 😮

[16.3., 21:41] Hartmut: In unserem Alter gibt es uns nur noch als Gesamtpaket

[16.3., 21:42] Sybille: Mich kannst du so schnell nicht verschrecken, so bin ich halt. Ich will auch keine Einzelteile.

Kapitel 8
Der ernste Hartmut

Mein Weckruf funktioniert. Es ist Freitag früh, 05.59 Uhr, und das Klingeln lässt mich auf eine sympathische Stimme hoffen. Mit noch geschlossenen Augen nehme ich meine Gutenmorgenwünsche entgegen.

Sybille: *Dir auch einen guten Morgen.*

Hartmut: *Hast du meine Nachrichtenflut von gestern verkraftet?*

Sybille: *Habe ich, war ganz schön heftig, aber äußerst interessant. Danke, dass du mir zeigst, was dir wichtig ist. Du hattest mir auch ein Bild vom Januar geschickt, das, wo die Sonne nicht wirklich hochsteigt .*

Hartmut: *Ja, ich war im letzten Jahr über Weihnachten und Silvester in Skandinavien.*

Sybille: *Bist du Weihnachten nicht bei deiner Familie?*

Hartmut: *Sonst immer, aber im letzten Jahr hatte es sich so ergeben.*

Sybille: *Schon mein Vater hatte darauf Wert gelegt, dass die Familie zusammenhält, und gemeinsames Weihnachten war bei uns Tradition. Da mussten alle erscheinen zum gemeinsamen Gänsebraten-Essen. Seine Tradition bestand darin, von einem Preisskat zum anderen zu tingeln und das Weihnachtsgeflügel zu erspielen. Kaufen wäre Stilbruch. Meine Mutti musste dann traditionell für die ganze Familie kochen. Und die Familie wurde immer größer. Aber schön war es. Als mein Vater starb, wurde das nicht mehr gelebt. Nach zwei*

Jahren hatten wir aber alle beschlossen, dass wir uns wieder treffen müssen, sonst wäre es kein richtiges Weihnachten. Also hatte Sybille nicht nur den Platz, sondern auch die Aufgabe, Gänsebraten für bis zu 20 Personen anzurichten.

Daf*ür habe ich die Doppelgarage aufgeräumt (in den ersten Jahren hat mir mein Mann dabei noch geholfen und dann hat er mich auch damit hängen lassen), alles eingerichtet, dekoriert und einen Festsaal daraus gezaubert. Damit es für die Kids nicht langweilig wird, hat sich Oma Sybille verschiedene Events überlegt. Musikpavillon, Rummelplatz, Künstlerpavillon oder vor zwei Jahren die Weihnachtsolympiade. Spaß garantiert.*

Hartmut: *Das kenne ich. Ich treffe mich Weihnachten auch immer mit den Kindern und Enkeln, außer im letzten Jahr. Da war ich ja über Weihnachten und Silvester in Skandinavien. Sonst treffen wir uns wenigstens zum Essen. Ich hatte auch schon mal einen Weihnachtsmarkt im Garten aufgebaut. In einem Jahr haben wir den hässlichsten Weihnachtspullover gekürt. Das war ein Spaß. Es haben auch alle mitgemacht. Alle sind sie damit gekommen und einer hässlicher als der andere … ich meine jetzt die Pullover, hihi.*

Sybille: *Na, diese Idee finde ich ja super. Wenn du nichts dagegen hast, würde ich mir die abkupfern oder hast du da ein Copyright drauf? Zeigt doch aber, dass du ein richtiger Familienmensch bist.*

Hartmut: *Wenn es um meine Kinder und Enkel geht, immer. Ich möchte ja auch nicht, dass es meinen Kindern so geht wie mir. Ich liebe sie über alles und bin immer für sie da.*
Mit meinen Eltern war das völlig anders. Manchmal habe ich mich sogar für sie geschämt. Als ich mit der Schule fertig war, bin ich auch sofort weg von zu Hause. Ich bin dann nach Eisenhüttenstatt gegangen und habe dort mit einer Lehre be-

gonnen. Danach zur Armee, dann noch was studiert und so weiter und so fort …

Sybille: *Bei unserer nächsten „Telefonsprechstunde" erzähle ich dir auch gerne noch von meiner Familie.*

Um 08.40 Uhr schicke ich ihm ein Cartoon, wo man schon sehr viel Humor haben muss, um darüber lachen zu können. Das streift die Grenze des guten Geschmacks. Aber Hartmut lässt sich auch von diesem Humor nicht einschüchtern.

[17.3., 09:54] Hartmut: Oh Gott 😲

[17.3., 10:33] Hartmut: Der ekelt sich vor nichts, der Kerl!

[17.3., 10:44] Sybille: 👍😄

[17.3., 13:25] Sybille: Nanu, nichts mehr von dir?

[17.3., 14:37] Hartmut: Stress

[17.3., 18:01] Sybille: Geht es dir gut?

Oje, Hartmut meldet sich nicht, hat mir am Nachmittag nur geantwortet „Stress", seitdem kein Zeichen, irgendwas wird wohl passiert sein. Er freut sich sonst immer auf die Autofahrt nach Hause, weil er dann mit mir telefonieren kann und gute Laune bekommt. Jetzt fehlt mir schon etwas, was ich eigentlich noch gar nicht habe. So schnell gewöhnt man sich an eine Stimme und tolle Gespräche.
Na ja, morgen ist auch noch ein Tag und dann auch noch Wochenende.

[17.3., 21:58] Sybille: Gute Nacht, Hartmut, ich hoffe, bei dir ist alles o. k., und vielleicht meldest du dich ja noch mal bei mir.

Am nächsten Tag kommt endlich ein Lebenszeichen. Hier fällt man ja von einem Extrem ins andere! Da schwankt die Whatsapp-Rate je nach Tagesform zwischen 0 und 73 pro Tag.

[18.3., 16:04] Hartmut: Bin bei meiner Tochter, der geht es nicht gut.

[18.3., 16:24] Sybille: Gott sei Dank (natürlich nicht bezüglich deiner Tochter), ich habe mir Sorgen um dich gemacht, war auch schon etwas traurig, weil ich nicht wusste, was ich falsch gemacht haben könnte, und freue mich nun umso mehr, von dir zu hören. LG

… am Abend schicke ich ihm ein Selfie von meiner Hand, mit schmutzigen Fingern nach der Gartenarbeit …

[18.3., 17:32] Sybille: Du hast gesagt, ich darf auch mal schmutzige Hände haben ... war im Garten ...

[18.3., 18:35] Hartmut: Schmutziges Mädchen 🙃

[18.3., 18:36] Sybille: Jaha ...

[18.3., 18:36] Sybille: Hast du deiner Tochter helfen können?

[18.3., 18:41] Hartmut: Ich bin bei ihr. Mehr geht manchmal nicht und ist doch viel.

[18.3., 18:42] Sybille: Bist ein guter Papa.

[18.3., 19:44] Sybille: Welche Tochter ist es und wo wohnt sie? Ich habe mir deine Familie noch nicht merken können.

[18.3., 19:47] Hartmut: Die Große mit ihrem kranken Sohn.

[18.3., 20:37] Sybille: Heute war Frühjahrsputz, alle Fenster blitzblank, alle Zimmer sauber, Betten frisch und wofür? Ich kuschle mal wieder mit mir selbst … Sch…wochenende.

[18.3., 21:57] Sybille: Gute Nacht, Hartmut, ich krieche jetzt in mein Bett und versuche zu schlafen. 🤭

Es ist Sonntag.

[19.3., 09:55] Sybille: Guten Morgen, Hartmut, ich hoffe, du hattest eine gute Nacht, und hoffe auch, du konntest deiner Tochter Trost spenden und sie von ihren Sorgen ablenken. Ich finde es erstaunlich und richtig toll, wenn deine Kinder mit ihrem Kummer zu Papa kommen. Da hast du alles richtig gemacht. Ich bin für meine Kinder auch fast immer der erste Anlaufpunkt. Ich freue mich, wenn ich von dir höre. Deine Stimme wär mir am liebsten. LG Sybille

[19.3., 09:58] Sybille: Übrigens hast du mir ein Bild von deiner Frau geschickt 😔🙂🙂🙂 Sie steht in der Küche vom Wohnmobil, hatte ich erst gar nicht gesehen 🙃🙂

[19. 3., 13:04] Hartmut: Lieber Gruß! Ja, das war Ostern 2020. Da hatte ich es gerade bekommen. Habe da im Garten geschlafen. Natürlich war sie neugierig.

[19.3., 13:06] Sybille: Aha, dann bist du wohl nur mit Alfredo durch Norwegen gedüst? Ist Alfredo eigentlich Mann oder Frau?

[19.3., 13:10] Hartmut: Ja, Dänemark auch. Er ist ein Es. Schau noch mal auf das Bild. Da steht ein Besen neben der Tür, hatte ich aufgenommen mit der Bemerkung: Meine Frau ist gerade zu Besuch eingeflogen

[19.3., 13:22] Sybille: 🤣🤣🤣🤣 Den Besen hatte ich gesehen. 😓Auweia, dann ist sie ja bestimmt am 30.04. zu ihrem jährlichen Treffen im Harz.

[19.3., 14:44] Hartmut: Das ist die Erklärung, warum sie an diesem Tag nie zu Hause war ...

[19.3., 15:04] Sybille: Der Frühling hat Einzug gehalten mit Mittagsschlaf auf der Liege bei 18 Grad.

[19.3., 19:34] Hartmut: So, endlich wieder zu Hause. **Badewanne und Ruhe ist. Schei...wochenende.**

[19.3., 19:35] Sybille: Ja, das nächste wird bestimmt besser. Hast du dir eine Badewannen-Genehmigung geholt?

[19.3., 19:36] Hartmut: 🙁 Noch nicht.

[19.3., 19:36] Sybille: Na, dann schnell noch einen Antrag rausschicken.

[19.3., 19:37] Sybille: Wenn nicht, muss die Dusche herhalten ... Geht auch mal allein. 😄😉

[19.3., 19:38] Hartmut: Hab auch keine Lust, heute noch irgendwie zu diskutieren mit ihr. Dann tut es die Dusche und ein Glas Whisky 😄

[19.3., 19:38] Hartmut: Also in der Reihenfolge ...

[19.3., 19:39] Sybille: Okay, dann gehen wir jetzt duschen ... Ich auch 😄✋

[19.3., 19:40] Hartmut: 🤩😯👻

[19.3., 19:40] Sybille: Bis dann. Wir treffen uns nachher frisch geduscht. 😄

Fertig! Frisch geduscht, Tee aufgebrüht und Schlafzeug an. Ich trage mein Lieblingsschlafshirt … das mit den Augen. Rechts ist ein offenes Auge und links ein geschlossenes, zwinkerndes Auge jeweils in Brusthöhe zu sehen.
Ach, was soll`s. Ich mache ein Selfie und schick es weg mit dem Kommentar:

[19.3., 19:58] Sybille: Fertig, bei mir gibt es Tee ...

Jetzt ruft meine Freundin Bettina an:

Bettina: *Na, wie war dein Wochenende? Wie läuft es mit Hartmut?*

Sybille: *War ganz schön ruhig. Hartmut war bei seiner Tochter, weil diese Probleme hat. Ich habe aber das schöne Frühlingswochenende genießen können. Endlich kann man wieder raus. Habe auch gleich ein bisschen im Garten gefummelt.*
Jetzt sitze ich auf der Couch, frisch geduscht, Schlafzeug an, trinke Tee und warte, dass Hartmut sich meldet. Er wollte auch duschen gehen.

Bettina: *Ach, da duscht ihr also schon gemeinsam?*

Sybille: *Genau … gemeinsam getrennt. Ich habe gerade noch ein Selfie weggeschickt, wie ich mit meinem Lieblingsschlafzeug auf der Couch sitze.*

Bettina: *Welches denn, das mit dem „Zwinkerauge"?*

Sybille: *Genau das! Warte mal, jetzt kommt gerade eine Nachricht.*

[19.3., 20:19] Hartmut: Tolle Augen ...

Sybille: *Siehst du, er findet meine Augen toll.*

Bettina: *Er meint dein T-Shirt beziehungsweise das, was sich in Augenhöhe verbirgt.*

Sybille: *Ach du liebe Güte. Ich frage mal.*

[19.3., 20:25] Sybille: Welche Augen meinst du, die oben oder weiter tiefer? Ist mein Schlagzeug. Das mit dem Nacktschlafen muss ich erst noch lernen. 🙈

Sybille: *Und gerade schickt er mir auch ein Bild von sich. Frisch geduscht, den Bademantel einen Spalt geöffnet, sodass man das inzwischen ergraute Brusthaar sehen kann. Ist das ein Anblick. So ein schöner Mann.*

Bettina: *Na, meine liebe Sybille, dann schreibt mal noch ein bisschen hin und her. Ich lege jetzt auf und wir hören wieder voneinander.*

Sybille: *So machen wir das. Gute Nacht.*

[19.3., 20:27] Sybille: Wow, ein richtig tolles Bild von dir ... **Bartstoppeln und Haare auf der Brust ... Ich bin hin und weg.** 🙈🙈🙈😄😄😄😘😘😘🙃🙃🙃

[19.3., 20:28] Hartmut: Dein Schlagzeug haut mich um. 🤣

[19.3., 20:29] Sybille: Sprachlos ... Muss mir erst eine Antwort überlegen.

[19.3., 20:34] Sybille: Auch wenn es ein tolles Bild von dir ist, siehst du sehr müde und geschafft aus. Falls du jetzt einschläfst, wünsche ich dir eine gute Nacht und würde mich sehr freuen, wenn mein freundlicher Weckdienst morgen wieder im Dienst ist. 🫠

[19.3., 20:35] Sybille: Ach du Schreck, jetzt verstehe ich erst ... Das sollte Schlafzeug heißen. 😔🙈

[19.3., 20:36] Hartmut: Nicht ablenken von den aussagekräftigen Augen ...

[19.3., 20:36] Hartmut: Bin auch geschafft, ja, werde definitiv nicht alt heute.

[19.3., 20:36] Sybille: Kann nicht schreiben, muss immer noch lachen. 🤣🤣🤣🤣🤣

[19.3., 20:37] Hartmut: Du hast das Schlagzeug ins Spiel gebracht ... Was denkst du, wo meine Mundwinkel sind? 😲😄😝

[19.3., 20:40] Sybille: Verrückt ... Und wir haben uns noch nicht einmal live gesehen, geschweige denn gerochen oder gefühlt ... Ob das gut geht? Hui ...

[19.3., 20:41] Hartmut: Keine Ahnung. Entweder knallt es oder nicht ...

[19.3., 20:42] Sybille: Werden wir sehen ... Ich hoffe, es knallt ... 🙂

[19.3., 20:46] Hartmut: Jedenfalls sind die Augen vielversprechend. 😉

[19.3., 20:46] Sybille: Dein offener Bademantel auch 😍

[19.3., 20:49] Sybille: Ich gehe jetzt ins Bett und muss noch in meine Nachtttischschublade greifen …

[19.3., 20:49] Hartmut: 🤣😄 Na, da …

[19.3., 20:50] Sybille: Was ist da?

[19.3., 20:50] Hartmut: Heb was für mich auf! O. k.?

[19.3., 20:50] Sybille: O. K. Bereite mich ja auch nur vor.

[19.3., 20:51] Hartmut: Schlaf schön! Ich schlaf mit einem Grinsen ein! 🤤

[19.3., 20:52] Sybille: Schön, dass ich dir nach dem Wochenende ein Lächeln ins Gesicht zaubern konnte. Gute Nacht. 🌜

[19.3., 20:53] Hartmut: 😘

Montag, 20. März

Heute früh hat mich Hartmut gefragt, ob ich schon für dieses Jahr meinen Urlaub geplant hätte und was. Da konnte ich ihm mitteilen, dass ich circa 50 freie Tage habe und nichts damit anzufangen weiß, weil mir Urlaub allein keinen Spaß macht. Glaube ich zumindest, denn ich war in meinem ganzen Leben noch nie allein im Urlaub.
Er hat erzählt, dass bei seinen Leuten mittlerweile jeder

30 Tage Urlaub bekommt … Guter Chef. Na, mal sehen, was das wird … Mit einem Wohnmobil durch Skandinavien touren, das könnte ich mir wirklich gut vorstellen. Ich kenne ja schon einige dieser Länder. In Schweden war ich allerdings noch nicht.
Ansonsten war Hartmut bei unserem Telefonat nicht so gut drauf. Das letzte Wochenende saß noch tief. Er muss sich sehr um seine Tochter und seinen Enkelsohn sorgen. Da war nicht viel Zeit, um den Stress der letzten Woche abzuschütteln, und schon geht die nächste Arbeitswoche los. Ich werde versuchen, ihn heute zum Schmunzeln zu bringen.

[20.3., 07:31] Sybille: Heute ist der Internationale Tag des Glücks. Ich bin gerne für dich da, wenn du möchtest, ich höre dir zu oder komme irgendwohin, um dich in den Arm zu nehmen … ☺☺☺

Ein witziges Video schicke ich gleich noch hinterher, natürlich zum Thema Nr. 1. Und schon kommt ein Cartoon von Hartmut zurück.

[20.3., 11:47] Sybille: Habe gerade Pause.

Dann geschieht etwas Außergewöhnliches. Es klingelt um 11.53 Uhr. Ob er wieder eine Raucherpause macht? Falsch gedacht: Hartmut ist auf dem Weg zu einem Kunden, telefoniert mit mir fast eine Stunde lang und redet sich so einiges von der Seele.
Er sagt, dass er für seine Kinder immer da sein wird, egal wie viel Kraft es ihn kostet. Und dann erzählt er mir von seiner Kindheit mit einer sehr ernsten Stimme, die ich so noch nicht kannte. Ich merke, dass es ihm schwerfällt und er diese Dinge wohl noch nicht vielen Menschen anvertraut hat:

Hartmut: *Meine Kindheit war alles andere als toll. Mit meinem Elternhaus war nicht viel los. Mein Vater war ein kluger Mann, meine Mutter Krankenschwester, aber verstanden haben sie sich nicht wirklich.*
Was meinst du, wie man sich als Kind fühlt, wenn man nach Hause kommt und seinen Vater bei einem Selbstmordversuch antrifft? Natürlich habe ich das verhindert, aber beim zweiten Versuch war ich nicht da. Er konnte zwar noch gerettet werden, aber er war nicht mehr derselbe.
Wenn es bei uns zu Hause ernst wurde, habe ich mich kümmern müssen … um mich und um meinen zwei Jahre älteren Bruder. Auf meine Eltern konnte ich mich nicht verlassen. Also eine schöne Kindheit ist was anderes.
Als mein Vater endgültig weg war, hat meine Mutter wieder geheiratet und hat mir noch eine Schwester und einen Bruder geschenkt. Es gibt aber Geschenke, die möchte man nicht haben.

Sybille: *So richtig positiv denkst du nicht über deine Familie, richtig? Geschwister, Eltern, Kinder … man muss doch zusammenhalten.*

Hartmut: *Na ja, das ist mit den Geschwistern nicht drin. Mein älterer Bruder, zu dem ich immer ein gutes Verhältnis hatte, lebt nicht mehr, und von den anderen beiden und auch meiner Mutter möchte ich nichts mehr hören und sehen. Da sind Dinge vorgefallen, über die werde ich nicht reden.*

Sybille: *Das tut mir so leid für dich. Normalerweise sollte man von der Familie den Rücken gestärkt bekommen. Stattdessen haben sie dir alles auf deine Schultern gepackt. Hut ab, dass du immer noch so stark bist und nicht einmal deinen Humor eingebüßt hast.*

Hartmut: *Na ja, es gab ja auch sehr schöne Momente. Immer wenn es ging, bin ich zu meinen Großeltern gefahren,* *selbst wenn ich alleine mit dem Zug fahren musste. Dort ging es mir gut. Sie hatten ein kleines Häuschen mit Garten. Mit den Nachbarskindern habe ich mich gut verstanden. Nicht nur mit den Jungen. Die Nachbarn meiner Oma hatten auch hübsche Töchter, hihi. Mit denen habe ich mich auch gut verstanden, muss ich sagen, mit einer nach der anderen, hihi.*

Sybille: *Du bist ja ein richtiger Casanova! Was kommen denn da noch für Geschichten zum Vorschein?*

Hartmut: *Ach, da gibt es vieles zu erzählen. Aber jetzt ist es ruhig geworden um mich und meine Geschichten. Mit den Jungs habe ich oft im Kirschbaum gesessen und wir haben uns den Bauch vollgeschlagen, auch wenn es der Kirschbaum vom Nachbarn war, hihi. Und die Johannisbeeren, die waren immer lecker. Die habe ich geliebt.*

Sybille: *Auf solche Ideen kommen die meisten Kinder heutzutage gar nicht mehr. Die Jungs von meinem Sohn klettern schon noch auf Bäume und stromern durch den Wald. Das sind so richtige Naturkinder. Aber meine anderen Enkel würden gar nicht erst auf die Idee kommen, sich was vom Strauch zu pflücken. Das Obst essen sie nur, wenn Oma ihnen das fix und fertig vorsetzt.*

Hartmut: *Na, das kenne ich. In einem Jahr habe ich mal hängende Erdbeeren rund um die Terrasse gepflanzt, dass die Enkel sich die reifen Erdbeeren im Vorbeigehen in den Mund stecken können. Was war das Ende vom Lied? Opa musste sie pflücken und mundgerecht anbieten.*

Sybille: *Aber du lässt dir immer was einfallen für deine Lieben und das werden sie zu schätzen wissen. Deine Enkel werden vielleicht ihren Kindern noch erzählen, was der Uropa für ein toller Kerl war und dass er den hässlichsten Weihnachtspullover gekürt hat.*

Nach seinem Kundenbesuch postet er mir schon wieder Bilder, von erotisch über witzig bis anzüglich. Aha! Die Frohnatur Hartmut ist wieder da und hat vielleicht ein Fünkchen Sehnsucht im Gepäck.

[20.3., 16:02] Sybille: Du machst mich wahnsinnig, ich bin so was von ... und muss noch bis (eventuell, wenn alles gut läuft, und mach jetzt keinen Rückzieher) Freitag durchhalten. Puh! 😳🙃😘

Unser Nachmittagsgespräch läuft eher ruhig ab. Es wurden heute ja auch schon viele Worte gewechselt. Ich versuche die Stimmung mit ein paar Witzen aufzuheitern, die er natürlich schon alle kennt und bei denen er nur lacht, um mich nicht zu entmutigen. Vielleicht kommt ja noch einer, den er bisher noch nicht gehört hat.
Dann erzähle ich von meinem Tag, dass heute auch wieder Oma-Tag ist und dieses Mal mein Enkel Leo bei mir ist. Das heißt: Schnitzel-Alarm … Leos absolutes Lieblingsessen und in die Schule nimmt er morgen Schnitzelbrötchen mit …

[20.3., 20:16] Sybille: So, Kind versorgt und im Bett, jetzt noch ein bisschen relaxen und dann kann die Nacht kommen. Bei dir alles gut?

[20.3., 20:31] Hartmut: Ja, alles gut. Trinke noch mein Glas Wein und danach ... Augen zu. Schlaf schön! 🫠

[20.3., 20:31] Sybille: Schlaf auch schön 🫠

… und noch viermal schlafen …
Dienstagmorgen. Um 05.46 Uhr klingelt mein Telefon. Geweckt hatte mich aber schon mein herkömmlicher Wecker. Ich war schon duschen und der Kaffee läuft.

Hartmut: *Guten Morgen, bist du schon wach?*

Sybille: *Ja, sonst hätte ich ja wohl schlecht ans Telefon gehen können. Ich bereite gerade Frühstück vor.*

Hartmut: *Du frühstückst? Ich denke, es gibt nur Kaffee bei dir.*

Sybille: *Heute ist mein Enkel da. Da wird natürlich gefrühstückt. Er möchte bei mir immer Rührei mit Bacon.*

Hartmut: *Ach, ich vergaß. Erfüllst du deinen Liebsten immer alle Wünsche? Dann kannst du mir ja auch meine Wünsche erfüllen, hihi …*

Sybille: *Natürlich mache ich das. Wer sich einen Platz in meinem Herzen erobert hat, wird es bei mir gut immer haben. Und du komm erst einmal her und dann sehen wir weiter. Wann hattest du denn unser Treffen für Freitag geplant?*

Hartmut: *Ich muss früh erst noch einmal für eine Stunde in die Firma und dann würde ich zu dir kommen. Ich sage dir heute aber noch genau Bescheid.*

Sybille: *Das klingt gut. Dann nehme ich mir diesen Tag auch frei und wir haben richtig viel Zeit füreinander. Da können wir uns aber lange in die Augen sehen.*

Hartmut: *Man kann auch andere Sachen machen, hihi …*

Sybille: *Na, warten wir mal ab, ob wir uns überhaupt riechen können.*

Hartmut: *So stocksteif wirst du ja wohl nicht sein. Achso … Was liegt heute bei dir an?*

Sybille: *Ich habe heute noch eine Kundenweiterbildung in Halle. Ich hatte ganz vergessen, belegte Brötchen zu bestellen, weil ich nur noch andere Sachen im Kopf habe. Hoffentlich bekomme ich das noch geregelt. Und du hast heute wieder deinen Stresstag?*

Hartmut: *Du schaffst das schon und ich auch. Ich melde mich heute noch. Bis dann. Mach Frühstück.*

[21.3., 07:31] Sybille: Der Tag ist gerettet, kann nachher die belegten Brötchen abholen. 👍

[21.3., 14:09] Sybille: Weiterbildung beendet, jetzt geht es nach Hause ... Wie war dein Essen in der Mensa? Oder gab es Currywurst?

Gegen 14.30 Uhr ruft Hartmut mich auf meiner Heimfahrt an. Er befindet sich auch im Auto. Mit dieser neuen Situation von Freisprech- zu Freisprechanlage kommen unsere Handys noch nicht klar. Ständig brechen die Gespräche ab und nach sieben Versuchen geben wir es auf. Im Wesentlichen wollte er mir nur noch einmal unsere Verabredung bestätigen und fragte, ob ich schon einen Plan hätte. Ich bin nicht mehr dazu gekommen, darauf zu antworten.

[21.3., 14:38] Hartmut: Klappt irgendwie nicht

Das Ganze mit Hartmut nimmt jetzt Gestalt an und wird ernst. Am Freitag sehen wir uns live und ich dachte, er kommt dann abends nach Feierabend vorbei und wir sehen mal, was wird …

Vorhin hat er gefragt, ob ich denn schon was geplant hätte, er würde früh noch kurz in die Firma fahren und wäre dann so gegen 9.00 Uhr bei mir (dass er zu mir kommen solle, war mein Vorschlag). Hui, den ganzen Tag … Was macht man da? Goitzsche-See … spazieren gehen, Wasser

und Natur genießen, schön essen gehen – Olaf hätte das gefallen. Dessau – Junkers-Museum, schlendern … Dem Hubschrauberpiloten und Bordtechniker Hartmut gefällt das bestimmt, wenn er das nicht schon alles kennt. Keine Ahnung, vielleicht hat er ja auch schon einen Plan, einen Wunsch, eine Idee … Ich denke, er wird auch bis Samstag bleiben und Mittag fahre ich ja dann zu Charlotte zum Geburtstag. Ich bin schon richtig aufgeregt, er erzählt mir ja auch wirklich alles und sagte auch, dass er so intime, familiäre Sachen noch nie jemandem erzählt hätte, ohne diese Person zu kennen, geschweige denn jemals gesehen zu haben. Er hat das Gefühl, dass er mit mir über alles reden kann und keine Geheimnisse zu haben braucht.
Ich bin mit meinen Geheimnissen etwas sparsamer, aber auch offen. Ich traue der ganzen Sache noch nicht so ganz, denn so ging das vor fast genau einem Jahr mit Olaf auch los …

Aufregend!!!! 🤗🤗🤗🙂🙂🙂

[21.3., 18:51] Sybille: Na, schon zu Hause?

… Neun Bilder von der „Tarakona" … Angelausflug an der Ostseeküste …

Heute schicke ich dir mal Bilder von der Segeljacht „Tarakona", die jetzt irgendwo an der Küste liegt und um die sich keiner mehr kümmert. (Habe jetzt 15 kg weniger als auf den Fotos.)

[21.3., 19:10] Hartmut: Sehr schönes Boot! Schade drum, dass sich niemand mehr kümmert!

[21.3., 19:24] Sybille: Richtig tolles Boot aus den 70er-Jahren, gebaut von Mike Saunders, hieß ursprünglich Walkabout II" und ist nach dem Vorbild der „Walkabout I" gebaut, auf der er mit seiner Familie gelebt hat und über die Ozeane geschippert ist. Auf dem nächsten Bild siehst du meine 4 Enkel in der Koje, die Große war nicht dabei.

[21.3., 19:37] Sybille: So was machen wir, wenn die Kinder da sind, muss nicht immer der Grill sein ... Der Koch ist dann meistens mein Sohn Lars.

… Bild … Kesselgulasch kochen über offenem Feuer …

[21.3., 19:45] Hartmut: Ich mach da oft Gulasch oder Soljanka oder einen Chili.

[21.3., 19:46] Sybille: Die Richtung stimmt, Kesselgulasch, Texas-Topf ... Ich hab ein tolles Kochbuch: „Draußen schmausen“.

[21.3., 19:48] Sybille: Am Ende dürfen die Kids sich dann noch Spieße mit Würstchen oder Marshmallow ins Feuer halten. Stockbrot kommt auch immer gut an ...

[21.3., 19:49] Hartmut: Stockbrot ... 🙁

[21.3., 19:51] Sybille: Kennst du das nicht? Ist wie ein Hefeteig, den man um einen dickeren, gesäuberten Stock wickelt und über dem Feuer backt. Oder warum verzieht dein Smiley sein Gesicht?

[21.3., 20:41] Sybille: Na, heute schreibfaul oder müde? Ich trinke jetzt noch einen Tee und dann gehe ich langsam ins Bett. Gute Nacht und denke daran: noch dreimal schlafen ... 😉

[21.3., 21:20] Hartmut: Schlaf schön!

[21.3., 21:21] Sybille: 🫠 😘

Kapitel 9
Ich hasse Corona!

Ich bin gerade wach geworden. Irgendwie fühle ich mich nicht gut. Ich habe ein flaues Gefühl in der Magengegend. Ich blinzele zu meinem Wecker. Nun gut, ein paar Minuten sind ja noch. Also mache ich heute mal den Anfang.

[22.3., 05:54] Sybille: Guten Morgen, hast du gut geschlafen? 😄

Wer weiß, was er wieder für einen Stress hat. Auch Frühaufsteher können verschlafen. Bestimmt bekommt er gerade Anrufe aus der Firma. Hartmut wird sich schon melden.

[22.3., 08:34] Hartmut: Guten Morgen! Nicht so toll 🙁

[22.3., 08:39] Hartmut: 🤒

Bild: positiver Covid-19-Test

[22.3., 08:50] Sybille: Sch...e, 😥😥😥 nix mit Heuschnupfen!!! Vielleicht findest du einen Weg, mich anzurufen. Geht es dir sehr schlecht, oder kannst du es aushalten? Du tust mir so leid und ich mir auch 😘

[22.3., 08:55] Sybille: Liebe Bettina, 😥😥😥 bin traurig, Hartmut hat Covid, hat mir gerade seinen positiven Test geschickt. Genau so ging es vor einem Jahr auch los, da hatte ich Covid und musste warten, bis ich mich mit Olaf treffen konnte. Dasscheint mein Schicksal zu sein. Diesmal fängt es wieder so an und wird wahrscheinlich wieder genau so enden. Irgendwie komisch ... Erst ich vor einem Jahr, jetzt liegt Olaf auch wieder mit Covid flach, wie ich gerade erfahren habe, und Hartmut nun auch ... Wer ist denn da gegen mich?

[22.3., 09:13] Bettina: Oh, das tut mir leid. Ja, aber irgendwie ... irgendwann muss es doch mal gut werden.

Was lange währt, wird gut … Dann eben etwas später, aber ich hatte mich schon so gefreut und habe langsam Kribbeln im Bauch. Wenn's dann nicht passt, ist die Enttäuschung umso größer, wenn man sich noch nähergekommen ist. Mist. Jetzt muss der arme Hartmut erst einmal wieder gesund werden.

[22.3., 09:28] Hartmut: Aushalten kann man es, habe aber alle Symptome.

[22.3., 09:31] Sybille: Ich habe eine Idee: Du kommst zu mir, du steckst mich an und wir bleiben beide eine Woche im Bett. 😉😘😀 Warum eigentlich nicht ...?

[22.3., 09:34] Sybille: Kümmert sich deine Frau ein bisschen? Bist du versorgt? Holunderblütentee ist mein Rezept gegen die Symptome, aber echte Blüten, nicht nur solche Teebeutel. Versuch dich auszuruhen. Vielleicht war dein Heuschnupfen schon die erste Symptomatik, dann hast du es bald überstanden. 🙂😢

[22.3., 12:08] Hartmut: Heute mag ich eh nichts essen, aber sie wird das schon machen.

[22.3., 15:32] Sybille: Ich musste mich jetzt erst einmal abreagieren, bin 10 km mit dem Fahrrad durch den Wald gestrampelt, habe mir ein paar Zweige für Ostern geholt und sitze jetzt hier am See im Sonnenschein und meine Gedanken sind bei dir. Schlaf dich gesund. 🙂🙂🙂😘

[22.3., 17:46] Sybille: Meine Osterdeko ist auch fertig, drinnen und draußen.

… Foto: Deko-Wohnzimmer mit Fensterbild Osterhase …

[22.3., 18:12] Hartmut: Der Hase im Fenster hat was!

[22.3., 18:13] Sybille: Ja, ein Ei in der Hand 😉

[22.3., 19:20] Hartmut: Nur eins und ohne Verpackung …

[22.3., 19:20] Sybille: Dafür bunt angemalt … 😄

[22.3., 19:23] Hartmut: https://youtu.be/9LfCP_557Ak Das smeint Bodo Bach zum Thema Eierfarbe …

[22.3., 19:31] Sybille: Wo hast du das denn schon wieder gefunden? 😂😂😂😂 Das kannte ich nicht von BB, ich fand schon immer das Spülmaschinenfest witzig und sein typisches: „Gut, dass ich dran bin …“. Mach weiter so, lachen macht gesund …

[22.3., 21:08] Sybille: Gute Nacht, schlaf schön. 🫠

[22.3., 21:40] Hartmut: Du auch. 🫠

[23.3., 06:37] Sybille: Guten Morgen, lieber Hartmut, vielleicht geht es dir heute schon einen Touch besser? Aber trotzdem: im Bett bleiben (allein), schlafen, abwarten und viel Tee trinken. Hier werden bitte noch keine Bäume ausgerissen!!! Ich freue mich, wenn ich von dir höre. LG 🙂

[23.3., 06:55] Hartmut: Guten Morgen von der Matschbirne …

[23.3., 06:58] Sybille: Ach herrje ... Erhol dich schön 😣 😔

[23.3., 09:08] Sybille: Viele Grüße von der arbeitenden Bevölkerung ... Nächster Zwischenstopp Roßlau, dann weiter nach Wittenberg, dann Sprint nach Coswig und um 14.30 Uhr Friseurtermin. Den Termin hatte ich noch kurzfristig erbeutet, um morgen zu glänzen ... 😢 🙂 🤩

[23.3., 09:28] Hartmut: 🙈 😢

[23.3., 09:32] Sybille: 😢 Mein Gute-Laune-Bär ist krank

[23.3., 12:49] Sybille: Habe gerade auf der B2 ein Foto machen lassen ... so ein Ärger, ein teures Foto und wie ich darauf wieder aussehe vor meinem Friseurbesuch! 🥺 🙁

[23.3., 13:21] Hartmut: Da fahr nach dem Friseur noch mal lang, dann hast du vorher/nachher 👍

[23.3., 15:25] Sybille: Zum Glück gibt's beim Friseur einen Kaffee.

[23.3., 15:26] Sybille: Ist aus dem Katzenbuch von Uli Stein 🤭 😉 "Viele Dinge fallen mir einfach so zu ... meine Augen zum Beispiel" – mit Bild

[23.3., 17:21] Sybille: Ein Nachher-Bild habe ich schon, bin wieder zu Hause und erstrahle in vollem Glanz ... Selfie: Haare frisch angestrichen!

[23.3., 17:28] Sybille: Und wie geht es dir? Wenn die Zigaretten wieder schmecken, geht es vorwärts. 😉

[23.3., 17:33] Hartmut: Super 🙂

… war die Reaktion auf mein Selfie nach dem Friseurbesuch …

[23.3., 17:34] Hartmut: Zigarette geht noch nicht wirklich 😢

[23.3., 17:34] Sybille: Tja, das wäre dein Preis gewesen … 😉🙂

[23.3., 17:34] Hartmut: Tja 😒

[23.3., 17:36] Sybille: Vielleicht hast du ja irgendwann deine Stimme wieder und findest einen Weg, mich anzurufen. Wäre toll …

[23.3., 17:44] Hartmut: Mach ich

[23.3., 17:44] Sybille: 🙂🙂🙂

[23.3., 21:47] Sybille: Gute Nacht und träum was Schönes 👻

[23.3., 22:21] Hartmut: Du auch 👻

[23.3., 22:22] Sybille: 🙂🌙

[24.3., 06:52] Hartmut: Guten Morgen!

[24.3., 06:53] Sybille: Dir auch guten Morgen, stehe jetzt auf. Mach heute Büro.

[24.3., 06:56] Sybille: Wie geht es meinem Kranken?

[24.3., 07:15] Hartmut: Morgens fühle ich mich immer wie besoffen. Sonst noch alles außer Schüttelfrost, schmecken tu ich nichts außer sauer.

[24.3., 07:16] Sybille: Bei Corona ist Geschmacksverlust normal. Und Zigaretten?

[24.3., 07:18] Sybille: Ruhe dich aus, dann muss deine Firma mal ohne dich auskommen (muss ich ja schließlich auch 😕).

[24.3., 07:19] Hartmut: Keine, da huste ich mich tot

[24.3., 07:19] Hartmut: Schwer

[24.3., 07:21] Sybille: Dann ist es ja wirklich noch schlimm. Wird wohl noch eine Woche dauern, und wenn du dich nicht schonst und pflegst, bis Ostern.

[24.3., 09:06] Sybille: Kannst du denn ohne Zigaretten auskommen? Manchmal hustet man auch, wenn man lange nicht geraucht hat. Lass dir das sagen von jemandem, der verteilt auf 35 Jahre mindestens 200.000 Zigaretten geraucht hat.

[24.3., 09:10] Sybille: Zieh dich warm an ... Geh einfach mal an die frische Luft ... Versuche es mit dem Rauchen oder nicht ... Nimm dein Handy mit ... Und „Ruf-mich-an“. Heute sollte unser Tag sein ... 😃😢🙃🥺🙃

[24.3., 09:16] Hartmut: Ich hab noch 37,8 Grad Fieber, gehe erst raus, wenn das runter ist.

[24.3., 09:16] Sybille: Oje, bleib im Bett!

[24.3., 15:17] Sybille: Hallo, du, habe meinen Uli-Stein-Aufsteller „für echte Hundefreunde“ rausgeholt und habe wieder jeden Tag was zum Schmunzeln: Jetzt schaut dich eine Bordeauxdogge mit typischem Hundeblick an und fragt: „Brauchst du Mitleid? Ich könnte welches vortäuschen.“

Von Hartmut kommen nur ganz kurze Infos über Whatsapp und Telefonieren ist im Moment auch nicht drin. Er liegt immer noch mit Fieber flach. Ich will ihn auch nicht zu sehr nerven. Ihm tut es ja auch sehr leid, dass wir uns heute nicht sehen können. Na ja, schön ist anders. Vielleicht freuen wir uns dann noch mehr aufeinander.

Und nun kommt die Antwort auf meine letzte Whatsapp:

[24.3., 20:39] Hartmut: Eine Tüte voll reicht!

[24.3., 20:40] Sybille: Ooooooh, du armer Kranker!

[24.3., 20:49] Sybille: Mehr kommt nicht in die Tüte!!!! Jetzt könntest du langsam Corona aus deinem Bett werfen, sonst gewöhnst du dich noch an die Dame ... 😉😄😄😄 Da wartet noch eine mit roten Haaren auf dich! 🙂✋

[24.3., 22:18] Sybille: Gute Nacht und schlaf dich gesund. 🤤😗🥱

[25.3., 07:30] Sybille: Guten Morgen, sitze mit meinem Kaffee auf der Terrasse im Sonnenschein. Ich hoffe, für dich scheint heute auch ein bisschen die 🌞, alles wird gut. 😎

[25.3., 09:27] Hartmut: Guten Morgen! Konnte heute mal durch- und länger schlafen!

[25.3., 09:28] Sybille: Das ist super, dann geht es doch vorwärts. Vielleicht kommt auch bald der Appetit und Geschmack wieder. 😉😃😃😃

[25.3., 10:00] Sybille: Mein heutiges Hundebild zeigt einen Cocker Spaniel und trägt die Aufschrift: „Das Glück beginnt mit einer feuchten Nase und endet mit einem wedelnden Schwanz“. ... Ein Schelm, der Falsches dabei denkt ... 😀😉

[25. 3., 13:21] Sybille: Ich fahre jetzt nach Naumburg zum 37. Geburtstag meiner Tochter Charlotte. Ruh dich schön aus ...

[25.3., 13:58] Hartmut: Fahr vorsichtig und viel Spaß

[25.3., 14:15] Sybille: Mach ich, danke, und du erhol dich gut ...

[25.3., 19:57] Sybille: Hier ist Party. Ich habe einen Knicklichter-Kranz im Haar ... Corona heißt Strahlenkranz der Sonne. Schicke dir ein Selfie ...

[25.3., 19:59] Sybille: Vielleicht bin ich aber auch die Freiheitsstatue 😀

[25.3., 21:41] Sybille: Schlaf gut, gehe jetzt ins Bett, sollen die jungen Leute weiterfeiern. 👻

[26.3., 12:30] Sybille: Na du, bin wieder zu Hause und hoffe, dass es dir auch schon ein bisschen besser geht. 😄 Wenn ich dir zu viele Whatsapps schreibe, weil ich so viel an dich denke, es aber nervt, musst du mir das bitte sagen, O. K.?!!!

[26.3., 15:08] Hartmut: Alles gut, ich schlafe viel. War aber auch schon im Garten.

[26.3., 19:15] Hartmut: Es geht schon besser, denke, dass ich morgen eine Runde in den Wald gehe. Hoffe, deine Feier war schön!

[26.3., 19:49] Sybille: Die Feier war schön. Gut, dass du wieder auf den Beinen bist. Frische Luft ist super, auch wenn es bestimmt regnet. Vielleicht kannst du mich ja dann kurz anrufen, mir fehlt dein „ naaaaa, du“. Habe dann mein Handy immer bei mir. Ich bin hier schon auf Entzug ... 😉😄

[26.3., 19:59] Hartmut: Mach ich glatt ... auch wenn die Stimme noch etwas rau ist

[26.3., 20:02] Sybille: Das macht nichts ... Wenn mir deine Stimme dann auch noch gefällt, ist für mich alles klar 😥 😀

[26.3., 20:33] Hartmut: 👍😄

[26.3., 21:24] Sybille: Ich wünsche dir eine gute Nacht und träum was Schönes. 🫠😀🌜

[26.3., 22:21] Hartmut: Wünsch ich dir auch 🫠

[27.3., 08:34] Sybille: Guten Morgen, lieber Hartmut, ich wünsche dir einen schönen Tag; auch wenn du dich gut fühlst, übernimm dich nicht. Waldspaziergang und Sybille anrufen sind erlaubt. 😉😌

[27.3., 08:35] Sybille: ... und noch was zum Schmunzeln am Morgen 😏

[27.3., 08:56] Hartmut: Guten Morgen, auch dir einen schönen Tag!

[27.3., 08:57] Sybille: Danke. 😀

[27.3., 08:58] **Hartmut:** Grad die Uhr umgestellt 👍🕑

[27.3., 08:58] **Sybille:** So geht es auch ... 🤣 Schön, dass du deinen Humor nicht verloren hast.

[27.3., 08:58] **Hartmut:** Nur im Auto schwierig ...

[27.3., 08:59] **Sybille:** Aber du bist nicht etwa im Auto, oder? 🧐 ? Du Kranker!

[27.3., 09:44] **Sybille:** Im Auto geht das nicht, aber ich habe ja noch viele Uhren mit Zeigern. Das ist einer meiner Ticks: Ich sammle STAMPS-Uhren.

[27.3., 13:25] **Hartmut:** Hier ist Schneeregen, nur Regen, nur Schnee und Graupelschauer 🙁🙁🙁

[27.3., 13:27] **Sybille:** Hier ist auch Aprilwetter. Also nichts mit Waldspaziergang. 🙁 Na ja, vielleicht kann ich ja morgen deine Stimme hören. 😃

[27.3., 14:25] **Sybille:** Hole jetzt meine Maja ab und für 17.00 Uhr habe ich Kinokarten.

[27.3., 19:54] **Sybille:** So, Kinobesuch beendet und wieder zu Hause. Geht es dir gut? Schmecken Zigaretten und Whisky schon wieder?

[27.3., 20:37] **Hartmut:** Whisky tatsächlich probiert ... noch nicht so wirklich. Was gab es im Kino?

[27.3., 20:59] **Sybille:** Es gab „Shazam".

[27.3., 21:00] Hartmut: Keinen Schimmer …

[27.3., 21:01] Sybille: Whisky desinfiziert, streng dich ein bisschen an, damit du fit wirst. Ich rechne damit, dass wir uns am kommenden Wochenende endlich mal sehen. Ich will endlich das zweitwichtigste Kriterium checken. Das erste passt schon …

[27.3., 21:02] Hartmut: 2.?

[27.3., 21:02] Sybille: Ist was mit Superhelden, der Kinofilm

[27.3., 21:05] Sybille: 1.) Stimme ist für mich entscheidend, es gibt Frequenzen, die ich nicht vertrage. 2.) Augen, die zeigen mir, was für ein Mensch mir gegenübersteht (ich meine die Augen im Gesicht 😥😄

Und schon postet er mir ein Bild von einer Katze, die ich aus meinen Computerspielen kenne. 👀
„Die hat Oogen wie Suppennäppe", würde der Berliner inmir sagen, Augen und Pupillen tiefschwarz und alles eines. Darunter die Frage:

[27.3., 21:05] Hartmut: Angst haben ich muss?

[27.3., 21:05] Sybille: Mit deeeen Augen nicht …

[27.3., 21:07] Sybille: 🤣🤣🤣 Bist du ein Jedi-Ritter mit Laserschwert?

[27.3., 21:08] Hartmut: Ein ganz normales mitteleuropäisches Kampfschwert. Ohne Laser.

[27.3., 21:09] Sybille: Waaaas? Da leuchtet nichts im Dunkeln?

[27.3., 21:10] Sybille: Wirst schon sehen, ich werde wenigstens deine Augen zum Strahlen bringen …

[27.3., 21:10] Hartmut: Kommt drauf an, Reibung erzeugt **bekanntlich Wärme …**

[27.3., 21:13] Hartmut: Da hatte ich mal ein Erlebnis mit Finalgon extrastark …

[27.3., 21:14] Hartmut: Nicht zu vergleichen …

[27.3., 21:14] Sybille: Was ist Finalgon?

[27.3., 21:16] Hartmut: Gut bei Rückenschmerzen, brennt wie die Sau. Auf ungeschützter Haut wirst du wahnsinnig …

[27.3., 21:17] Sybille: Und was hatte dir geschmerzt! Der Rücken?

[27.3., 21:18] Sybille: Für den Rücken nimmt man ja auch Voltaren ☺☺☺

[27.3., 21:19] Hartmut: Der Rücken brennt erst beim Schwitzen. Andere Stellen gleich bei Berührung.

[27.3., 21:20] Sybille: Das musst du mir mal ausführlich erzählen.

[27.3., 21:20] Hartmut: Ist eher was für eine Herrenrunde …

[27.3., 21:21] Sybille: Worüber redet ihr denn in einer Herrenrunde? Ich dachte immer, nur Mädchen plaudern über ihre Geheimnisse.

[27.3., 21:24] Hartmut: Männer reden unter sich über ernsthafte Dinge. Weltfrieden zum Beispiel, aber auch über Kuchenrezepte und Häckelmuster. So kenn ich das.

[27.3., 21:24] Hartmut: „Häkelmuster" meinte ich.

„MIR IST LANGWEILIG."
„SOLL ICH DICH ABLECKEN?"

WENN DIE AUTOKORREKTUR
SINVOLLE VORSCHLÄGE MACHT.

[27.3., 21:25] Sybille: Genau so hatte ich mir das vorgestellt, immer schön sittsam bleiben ...

[27.3., 21:28] Sybille: Was, darauf stehst du?

[27.3., 21:28] Hartmut: Wenn's schmeckt ...

[27.3., 21:29] Sybille: Ich nasche auch gern ...

Es folgen noch weitere Cartoons, die ich hier nicht im Einzelnen darstellen und erläutern möchte …

[27.3., 21:33] Hartmut: 🤣

[27.3., 21:38] Hartmut: Schlaf schön 🫠

[27.3., 21:38] Sybille: Du auch, morgen früh ist die Nacht vorbei 🫠

[27.3., 21:46] Hartmut: Jupp

[27.3., 21:48] Sybille: Na dann, ich liege schon im Bett … ohne Hose ist wirklich bequem, aber die Socken habe ich angelassen. Ich hatte kalte Füße … Was nicht heißt, dass ich kalte Füße bekommen habe … ☺

Kapitel 10

Wenn krank, dann krank

Dienstag, 28.3. keine Nachricht

[28.3., 07:28] Sybille: So, Kind abgeliefert und jetzt geht's los ... Heute mit Musik ☺☺☺ Ich wünsche dir einen schönen Tag! LG

[28.3., 07:29] Sybille: Es ist kalt, auf meine Terrasse hat es Muster gehagelt ... Ich schicke dir ein Bild. 😉☺

Heute habe ich nicht ein Wort von Hartmut gehört, gestern Abend noch Whatsappen ohne Ende, heute nicht mal einen Gruß oder eine Antwort. Telefoniert haben wir vor einer Woche das letzte Mal. Schon blöd. Bin ein bisschen traurig, ist aber auszuhalten. 😕😕

Mittwoch, 29.3.

[29.3., 07:04] Sybille: Ich wünsche dir einen schönen Tag, auch wenn du nicht mehr mit mir redest ...

[29.3., 14:26] Hartmut: Ich hoffe, dass dein Tag gut war/ist! Habe etwas Stress nebenbei, den ich nicht wirklich brauche.

[29.3., 14:30] Sybille: Bin auch noch in Action, melde dich einfach, wenn du Lust und Zeit hast. Ich bin für dich da und hoffe, dass es dir einigermaßen gut geht. Ich freue mich, von dir zu hören. LG

[29.3., 14:33] Hartmut: Mach ich

[29.3., 14:33] Sybille: 👍😀

Um 17.29 Uhr überrascht mich Hartmut mit einem Anruf:

Sybille: *Na, das ist ja eine Überraschung! Wie geht es dir? Bist du auf dem Heimweg?*

Hartmut: *Schön, wenn ich dich überraschen konnte. Ich fahre jetzt zur Arbeit. Ich muss schon warten, bis alle weg sind, damit ich niemanden anstecke. Als ich schon einmal Corona hatte, habe ich das auch so gemacht. Die wichtigsten Dinge müssen erledigt werden, wie Rechnungen und so weiter.*

Sybille: *Deine Stimme klingt aber immer noch nicht so toll.*

Hartmut: *So richtig gut geht es mir ja auch noch nicht. Hätte nie gedacht, dass es mich so erwischt. Ich hoffe mal, dass am Wochenende dann alles ausgestanden ist. Ist gerade alles doof, aber nicht zu ändern.*

Sybille:Da *hast du recht. Ich würde dir so gerne helfen oder dir etwas Gutes tun. Ich kann dich ja nicht einmal in den Arm nehmen oder so. Vielleicht ist es gut, dass wir uns im Moment nicht sehen können. Wenn du krank aussiehst und nicht fit bist, wäre das ein schlechter Start.*

Hartmut: *Na, das geht immer, hihi.*

Sybille: *Woran du schon wieder denkst. So krank kannst du ja dann nicht sein. Wenn du sogar lachen kannst, hast du es bald geschafft. Nun werde aber gesund. Ich möchte dich möglichst bald das erste Mal in den Arm nehmen.*

Hartmut: *Wird schon werden. Ich bin ja auch schon sehr gespannt. Jetzt sind andere Sachen aber wichtiger.*

Sybille: *Dann mach deine wichtigen Sachen. Übernimm dich aber nicht. Mit Krankheit ist nicht zu spaßen, vor allem nicht mit Covid-19, sehr gefährlich für Senioren, auch wenn sie sonst in Saft und Kraft stehen.*
Auf jeden Fall bin ich froh, dass ich deine kratzige Stimme hören durfte und du mich noch nicht ganz vergessen hast.

Hartmut: *Ich denke doch immer an dich.*

Sybille: *Das hört sich gut an. Schön, wenn ich wieder von dir höre, auf welchem Wege auch immer.*

Hartmut: *Ja, ich melde mich.*

Hartmut hat sich gemeldet, er hat Stress „nebenher", was auch immer das bedeutet, meldet sich, wenn er Luft hat, und hofft, dass es mir gut geht. Bla, bla, bla …

Kann man das nicht gleich sagen? Ist krank, meldet sich nicht und ich mache mir hier Gedanken. Vielleicht erwarte ich auch zu viel von jemandem, den ich noch nicht einmal gesehen habe. Wir schauen mal … ☺

Gerade haben wir telefoniert und ich habe schon bemerkt, dass er noch ganz schön krank ist. Er fährt seit gestern wieder zur Arbeit, weil seine wichtigsten Leute ausgefallen sind und zum Monatsende noch Rechnungen und so weiter rausmüssen.
Das wird bestimmt vorläufig nichts mit uns … Sch… Findet er auch, nutzt aber nichts ☹

[29.3., 20:58] Sybille: Schlaf gut, dass du für morgen wieder genug Kraft hast.

[29.3., 21:09] Hartmut: Schlaf auch gut und süße Träume 👻

[29.3., 21:10] **Sybille:** Lieb von dir 😘

[29.3., 21:11] **Hartmut:** 😘

Donnerstag, 30.3.

[30.3., 07:27] **Sybille:** Guten Morgen, lieber Hartmut, ich wünsche dir einen Tag mit wenig Stress und viel Sonnenschein … wird wohl beides nicht klappen? 😌😌😏

[30.3., 08:08] **Sybille:** Ich habe das Handy heute immer bei mir, falls du mir erlaubst, deine kratzige Stimme zu hören. 😀

[30.3., 08:15] **Hartmut:** Guten Morgen! 🙂 Die Sonne scheint ja immer, nur sehen wir das nicht. Aber sie blinzelt schon etwas durch die Wolken!

[30.3., 08:16] **Sybille:** Das ist schön, ich blinzle dir auch zu. 😉

[30.3., 08:49] **Sybille:** Sybille bei der Arbeit (noch zu Hause): Ich bin wissenschaftliche Beraterin, Verkäuferin, Referentin, Organisatorin, Gute-Laune-Bringerin, Kraftfahrerin, Lagerarbeiterin, Sekretärin … Du siehst, ich kann vieles sein 😉😉😉 und bin in fast allem richtig gut. … mit Foto …

[30.3., 12:52] **Sybille:** So, Mittagspause und um 2 ist noch Teamsmeeting, vorher noch meine Schwiegerkinder anrufen, beide haben heute Geburtstag – sehr praktisch, wenn man sich nur ein Datum merken muss –, am Nachmittag kommt dann noch mein Ex-Freund auf eine Tasse Kaffee und bringt mir meine Sachen … Und dann hoffe ich, dass ich noch eine tolle Stimme am Telefon hören darf 🙂

[30.3., 17:02] **Hartmut:** Heute ist die Stimme komplett weg. 😟

[30.3., 17:39] **Sybille:** Ach du liebe Güte … Bist du wieder zu Hause?

Das bedeutet: Hartmut ruft heute nicht an, hat keine Stimme mehr, ist also immer noch krank. Da werden wir uns wohl erst im Mai sehen, wenn überhaupt.

Wenn er bis zum Wochenende nicht gesund ist, wird das nichts mit einem Treffen, dann ist Ostern, da ist Familie bei uns beiden eingeplant, nach Ostern habe ich noch Max eine Woche in den Ferien hier, bringe ihn am Wochenende darauf nach Hause und dann, am 20.4., fährt er zwei Wochen weg … Das ist kein guter Start … Was mach ich bloß? 😏😢🤔 **?**

[30.3., 18:03] **Sybille:** Es hilft nicht immer nur Grog, bitte, bitte, bitte, tu was dafür, dass du schnell gesund wirst: Salbeitee, Salbeibonbons, Halsschmerztabletten, Holunderblütentee hilft immer und einen Whisky zum Gurgeln … Drohung: Und wenn du das mit dem Gesundwerden allein nicht hinbekommst, komme ich dich pflegen. 🤗😉

[30.3., 21:02] **Sybille:** Na du, ich singe dir jetzt ein Schlaflied, da kannst du mit dem Handy unter die Decke kriechen und mit meiner Stimme einschlafen. Schlaf dich gesund! 🤤🙂😗

Ich nehme per Whatsapp das französische Schlaflied „Entre le bœuf et l'âne gris" auf und schicke es ihm. 🎶

[30.3., 22:24] Hartmut: Bist `ne Maus 😊🙃😉😗

[30.3., 22:25] Sybille: Das war französisch ... Kannst mal sehen, was ich alles kann 😊😥 Schlaf schön! 😗

Freitag, 31.03.

[31.3., 06:27] Hartmut: Wzbw!

[31.3., 06:31] Sybille: Dir auch guten Morgen. Kannst ja heute Abend oder morgen früh mal gucken, ob dein Test schon negativ ist. 😊🙏

[31.3., 06:32] Hartmut: Guten Morgen! 😊

[31.3., 06:32] Hartmut: Mach ich, hatte ich eh vor.

[31.3., 10:29] Sybille: Ich drücke uns die Daumen, habe das ganze Wochenende noch nichts vor. Würde auch gerne meine Beweisführung antreten. So viel zum Thema „qed" 😥😊😊😘

[31.3., 12:29] Sybille: Feierabend! Ab nach Hause ... im Regen 😊😊😊😊

[31.3., 16:25] Hartmut: Immer noch!!!

[31.3., 16:26] Sybille: Und nun? Sch...e

[31.3., 16:27] Hartmut: Hätte mich auch gewundert, da ja noch Symptome da sind.

[31.3., 16:30] Sybille: Bin grad ein bisschen sprachlos, weil nach 8–10 Tagen alles vorbei sein sollte, der Positivstrich unten ist aber schon sehr schwach, das ist bald durch.

Und die Symptome müssen nicht Covid sein, da setzt sich oft was Bakterielles drauf, gerade Halsweh und so.

[31.3., 16:32] Sybille: Jetzt hab ich's; dein Test ist kaputt! Bestimmt die ganze Charge.

[31.3., 16:33] Sybille: Ich bin sehr traurig. 😢😢😢😢

[31.3., 16:35] Hartmut: Ist ein anderer Hersteller, dachte ich auch, aber beide zeigen positiv an.

[31.3., 16:36] Sybille: ... und wie gesagt, ich hatte diese Variante schon, ich werde nicht krank werden und habe keine Angst vor dir. Und die neue Serovariante ist in Deutschland noch nicht angekommen.

[31.3., 16:36] Hartmut: Bis Montag MUß Ich o. k. sein. 4 Neueinstellungen. Belehrung darf nur ich durchführen.

[31.3., 16:38] Hartmut: Ist nicht gesagt. Ich habe in der Familie Fälle, die das im letzten Jahr 2 × hatten.

[31.3., 16:38] Sybille: Komm zu mir, ich pflege dich gesund. Wenn das nicht der Beginn einer guten Beziehung ist.

[31.3., 16:44] Hartmut: Das Risiko ist mir zu groß. War auch nicht auf Arbeit.

[31.3., 16:45] Sybille: Fazit: wenn wir uns dieses Wochenende nicht sehen können, dann ist Ostern, danach habe ich eine Woche meinen Enkel bei mir, bringe ihn am Wochenende danach nach Hause. Dann fährst du nach Skandinavien und wir sehen uns das erste Mal im Mai, wenn überhaupt ... Sch... corona

[31.3., 16:49] Hartmut: Sieht wohl so aus.

[31.3., 16:57] Sybille: Das muss ich erst mal verdauen. ☹

Ich glaube, ich muss mir das jetzt erst einmal von der Seele schreiben, sonst explodiere ich. Meine beste Freundin Bettina ist nicht nur eine ausgezeichnete Zuhörerin und Ratgeberin, ihr Whatsapp-Account ist auch mein heimliches Tagebuch. Sie liest, was ich schreibe, und reagiert, wenn es erforderlich ist. So handhaben wir das schon seit über einem Jahr … seit der Zeit, als ich den Ärger mit meinem Noch-Ehemann hatte.

[31.3., 16:56] Sybille: Hallo, Bettina, das mit Olaf habe ich verwunden, da tat nur weh, dass die schöne Zeit und die festen Umarmungen weggefallen sind, mehr hätte ich mir mit ihm nicht vorstellen können. Die nächste Baustelle macht mir aber viel mehr zu schaffen. Hartmut hat mir gerade seinen positiven Test geschickt, also immer noch. Ich hab es geahnt, dieses Wochenende nicht, dann Ostern, dann habe ich Max eine Woche bei mir, bringe ihn danach nach Hause, dann fährt er zwei Wochen nach Skandinavien und wir sehen uns das erste Mal im Mai, habe ich ihm auch so geschrieben, und da kam die Antwort: „Sieht wohl so aus." Das Dumme ist, ich bin hier die Einzige, die heult. 😭😭😭😭

[31.3., 17:53] Hartmut: Wie viele Jahre kennen wir uns nicht? Es ist nun mal so und Brechstangen helfen auch nicht immer.

[31.3., 17:54] Sybille: Da hast du recht.

[31.3., 17:57] Sybille: Dachte ich mir schon, aber traurig bin ich trotzdem …

[31.3., 18:52] Sybille: 🤩😍 Hab mir gerade einen Tee gekocht, denn wie heißt es so schön: Abwarten und Tee trinken ...

[31.3., 18:59] Sybille: Tut mir sehr leid, dass ich so egoistisch war und überreagiert habe. Der Leidtragende bist ja du. Natürlich möchte ich in erster Linie, dass es dir gut geht, und habe nicht daran gedacht, dass du ja vielleicht auch ein wenig traurig bist. Wird schon werden, oder? 🙂😙 Werde erst mal gesund.

[31.3., 21:31] Hartmut: Alles gut. Es wird werden. Schwieriger Start, würd ich sagen ... und ja, es tut mir sehr leid, dass wir unser „sich sehen" so verschieben müssen. Wer weiß, wofür es gut ist, es gibt immer etwas Positives 🙃

[31.3., 21:35] Hartmut: Noch da?

[31.3., 21:36] Sybille: Schwierig ist richtig, aber bis jetzt eigentlich schön, oder?

[31.3., 21:36] Sybille: Bin noch da 🙂🙂🙂 und warte auf das Positive, was da kommt.

[31.3., 21:39] Hartmut: Ich sag mal so, überraschend gut, erstaunlich passend, neugierig machend, erotische Schwingungen ohne direkten Kontakt, erstaunlich, wie schon gesagt ...

[31.3., 21:44] Sybille: Das finde ich auch, ich hatte phasenweise schon das Gefühl, dich ewig zu kennen, und dass wir irgendwie zusammenpassen. Deshalb habe ich so gedrängelt, ich will wissen, was für ein Mann zu der tollen Stimme und der Art, sich auszudrücken, gehört.

[31.3., 21:45] Sybille: Mir geht's wieder besser, habe Tee getrunken und Marzipan gegessen. ☺☺☺

[31.3., 21:46] Hartmut: Also ... ein ganz normaler Kerl. Marzipan mag ich auch sehr, die Kartoffeln liebe ich ...

[31.3., 21:47] Hartmut: Wobei, ganz normal auch nicht 🤣

[31.3., 21:47] Sybille: Ich weiß (das mit dem Marzipan). Das andere werde ich schon noch rausfinden.

[31.3., 21:48] Sybille: Das wollte ich auch gerade schreiben ...

[31.3., 21:51] Sybille: Ganz normal bin ich auch nicht, wäre ja sonst auch langweilig ... Also kann es noch spannend werden, oder? 🙂 🙈😗☺😏

[31.3., 21:53] Sybille: Wir sind im Moment ganz schön ernst, muss aber auch mal sein.

[31.3., 21:55] Hartmut: Ja. Gehört auch dazu.

[31.3., 21:57] Sybille: Vielleicht höre ich ja bald wieder deine Stimme und dein glucksendes Lachen, das ich so mag ...

[31.3., 21:59] Hartmut: Ich gluckse ...😒 ups

[31.3., 22:00] Sybille: Du lachst so in deinen Bauch hinein. Wenn du lachst, muss ich immer an einen Bauchredner denken und frage mich, welche Puppe er gerade in der Hand haben könnte ...

[31.3., 22:02] Hartmut: ?

[31.3., 22:03] Sybille: Ich habe dich nicht einmal gefragt, wie es dir heute geht ...

[31.3., 22:04] Sybille: Über dein Fragezeichen reden wir mal mit Stimme. Dann lache ich auch einmal wie du.

[31.3., 22:08] Hartmut: Stimme kommt, etwas schwindlig, Kopf noch matschig, irgendwie wie mit einem Joint, es wird ...

[31.3., 22:09] Sybille: Wie ist es mit einem Joint? Vergleichbar mit einer Flasche Wein?

Die nächsten 31 Nachrichten und Bilder habe ich aus Gründen der Image-Wahrung von Hartmut und Sybille gelöscht. Was jetzt noch folgt, ist schon grenzwertig und auch zensiert …

[31.3., 22:46] Sybille: Ich gehe jetzt ins Bett. Ich hoffe, dass du gut schlafen kannst, wenn nicht, höre dir ein Schlaflied an. Dann wird es schon klappen. Gute Nacht. 🫠 😘

[31.3., 22:48] Hartmut: Schlaf schön! Hoffe, dass du nicht zu sehr geechot bist ...

[31.3., 22:49] Sybille: Geechot???

[31.3., 22:50] Hartmut: Geschockt? 😎

[31.3., 22:51] Sybille: Wieso, mich schockt so schnell nichts, bist eben nur ein fast normaler Kerl, aber das finde ich sehr reizvoll.

[31.3., 22:54] Sybille: So, ich liege jetzt im Bett und mein Po ist kalt, also Hose anziehen 😄

[31.3., 22:56] Hartmut: Neeee! Ich würde übernehmen ...

[31.3., 22:56] Sybille: Bist ja nicht da ...

[31.3., 22:56] Hartmut: Hm

[31.3., 22:58] Sybille: Werde bloß gesund, mir fehlt was, was ich noch nie hatte ... Total verrückt ...

[31.3., 23:00] Hartmut: Schlaf schön!

[31.3., 23:00] Sybille: So, jetzt ist aber gut, ich mach es jetzt auf die altmodische Art und Weise, wenn kein Mann zur Stelle ist, und dann kann ich bestimmt schlafen.

[31.3., 23:00] Sybille: Schlaf auch schön.

[31.3., 23:01] Hartmut: Hallo! Kopfkino 🥴

[31.3., 23:02] Sybille: ... du lenkst mich ab.

[31.3., 23:03] Hartmut: Könnte ja anheizen ... 😘😘😘

[31.3., 23:03] Sybille: Oh...

[31.3., 23:07] Hartmut: 😍😄

[31.3., 23:08] Sybille: Nicht schön?

[31.3., 23:08] Hartmut: Doch 😘😄

[31.3., 23:09] Sybille: Moment ... 😍😘

[31.3., 23:10] Hartmut: Könnte den geben ... 👍😍

[31.3., 23:12] **Sybille:** Geht schon ... habe ja meine Spielsachen

[31.3., 23:14] **Sybille:** Jetzt geht es mir gut und mein Po ist auch warm. Könnte jetzt deinen Bauch wärmen ...

[31.3., 23:14] **Hartmut:** Original ist besser ...

[31.3., 23:14] **Sybille:** Jaaaaa, erzähl das mal Corona ...

[31.3., 23:15] **Hartmut:** 😕😕😕

[31.3., 23:16] **Sybille:** Sei nicht traurig, wir finden einen Weg ... 😘😘😘

[31.3., 23:22] **Hartmut:** So, nun aber gute Nacht! Komm ja sonst nie in den Schlaf!

[31.3., 23:23] **Sybille:** Gute Nacht. 😘

[31.3., 23:23] **Hartmut:** Gute Nacht. 😘

Eines ist Fakt: Wir haben heute den Rekord für unsere täglichen Whatsapp-Nachrichten gebrochen. Wenn ich die Passagen, die meiner Zensur zum Opfer gefallen sind, mitzähle, waren es ganze 121.

Kapitel 11
Irgendwas ist anders

Samstag, 1. April

[1.4., 08:21] Sybille: Guten Morgen, lieber Hartmut, ich hoffe, du konntest gut schlafen und es geht dir wieder ein bisschen besser. Ich hoffe, du fandest es nicht unangenehm, dass ich gestern einen kranken, wehrlosen Mann angemacht habe. 🙈🙂😍

[1.4., 09:24] Hartmut: Guten Morgen! Konnte heute länger schlafen! Gutes Zeichen!

[1.4., 09:25] Sybille: Sehr schön, du bist aber auch erst später in den Schlaf gekommen. 🙈🙂

[1.4., 09:29] Sybille: 🤣

[1.4., 09:29] Hartmut: Cartoon ... Hund, der über das gesamte Gesicht zu grinsen scheint: „... und dann habe ich ihm das vegane Futter auf seine Birkenstocksandalen gekotzt ...

[1.4., 09:31] Sybille: Der ist ja noch besser als die von Uli Stein. 🤣

[1.4., 12:47] Hartmut: https://youtube.com/watch?v=bxSuFpDoZUc&feature=share und Video mit Dieter Nuhr ...

[1.4., 12:48] Sybille: Habe gerade erst mal Nuhr angehört. 🤗🤗🤗 „Eure Mütter“ kommt danach.

[1.4., 13:01] Sybille: Die 🦆 vor dem Damenklo ist ja toll. Ich frage mich immer, wie man sich so viel Text merken kann … Das andere habe ich mir auch angehört. Ich merke schon, du hast keine Langeweile … Ich habe nicht so viele lustige Sachen, nur der mit der Gurke ist mir gerade in die Hände gefallen, aber der ist ein bisschen … 😳 na ja.

[1.4., 13:15] Sybille: Schon Mittag gegessen?

[1.4., 14:28] Hartmut: Nicht so richtig Appetit und keine Lust zu kochen.

[1.4., 14:29] Sybille: Ich auch nicht, bin im Garten bis zum nächsten Regen …

[1.4., 15:02] Sybille: So, und jetzt gibt es Kaffee …

[1.4., 15:05] Sybille: … und iss was, nicht dass du mir so dünn wirst … 🙂 Ich mag Männer mit Bauch und meine Oma hat immer gesagt: „Wenn du einen Mann behalten willst, dann füttere ihn dir hässlich!“

[1.4., 17:32] Sybille: Abendbrotzeit … Bei mir gibt es geschmorte Hähnchenherzen. 🙂

[1.4., 17:36] Sybille: Hat dich heute schon jemand in den April geschickt? 🤔 Ich wollte. Habe ich aber wieder gelöscht, war zu gemein 😏

[1.4., 19:29] Sybille: Samstags wird gebadet … 😏 Bin jetzt im Schaum verschwunden. Schauen nur noch meine roten Haare raus.

[1.4., 19:42] Hartmut: 🤪😘🤪

[1.4., 19:42] Hartmut: Ich gehe auch gleich unter die Dusche.

[1.4., 20:42] Sybille: Wie war dein Tag? Wie geht es dir so frisch geduscht?

[1.4., 21:15] Hartmut: Irgendwie bin ich schlapp. kann ich schlecht erklären.

[1.4., 21:16] Sybille: Oje, ab ins Bett mit dir.

[1.4., 21:21] Sybille: Schlaf dich aus, du musst Montag fit sein und in die Firma fahren, ☺ hast nur noch einen Tag, um gesund zu werden 😘☺

Sonntag, 2. April

[2.4., 07:14] Sybille: Guten Morgen, ich wünsche dir einen schönen und erholsamen Sonntag. ☺

[2.4., 09:49] Hartmut: Guten Morgen! Den wünsche ich dir auch. ☺

[2.4., 09:50] Sybille: Wie geht es dir?

[2.4., 11:12] Hartmut: Wesentlich besser. Bekomme Besuch von meinen Töchtern zum Kaffee.

[2.4., 11:12] Sybille: Bist du negativ?

[2.4., 11:18] Sybille: Nicht, dass du sie noch ansteckst ...

[2.4., 11:48] Hartmut: Negativ 👍

[2.4., 11:50] Sybille: Sehr gute Neuigkeiten. Dann fährst du ja morgen in die Firma und ich darf mich von deiner Stimme wecken lassen? 😄😄😄

[2.4., 11:58] Sybille: So, Mittag ... Geschnetzeltes mit Pfifferlingen und Dinkel 👍, reicht mal wieder für 3 Tage, bin es noch nicht gewohnt, für nur eine Person zu kochen. 😄

[2.4., 12:11] Hartmut: Ich taue mir Wildschweingulasch auf. 😝

[2.4., 12:12] Sybille: Lecker, iss immer gut, damit du zu Kräften kommst ...

[2.4., 13:08] Sybille: 🤣🤣🤣🤣

[2.4., 13:08] Sybille: Essen fertig?

Natürlich schicken wir uns Fotos von den fertig angerichteten Mittagsportionen zu. So hat man auch ein klitzekleines bisschen das Gefühl, dass man gemeinsam zu Mittag isst.

[2.4., 13:09] Hartmut: Noch nicht, fange gerade an

[2.4., 14:17] Sybille: Na, dir geht's ja gut, 👍 Mhmm, lecker, da weiß ich ja, von wem ich mich mal verwöhnen lassen kann 😉, sonst koche ich immer für alle ...

[2.4., 16:42] Hartmut: Für viele kochen kann ich auch!

[2.4., 16:49] Sybille: Hoffentlich gibt's auch was, wo du mal von mir profitieren kannst. Wenn du alles selbst kannst, brauchst du mich ja nicht wirklich. ☹

[2.4., 16:50] Sybille: Wie war der Besuch von deinen Töchtern?

[2.4., 17:07] Hartmut: Soll ja zusammen auch gehen und sogar Spaß machen mit der richtigen Partnerin, das Kochen.

[2.4., 17:10] Sybille: Du bist mein Held, du hast immer eine gute Idee und eine Lösung. 🤗🤗🤗

[2.4., 17:16] Hartmut: Niemand sollte jemanden „brauchen“! Brauchen heißt abhängig sein.

[2.4., 17:20] Sybille: Du hast sicher recht, aber gebraucht zu werden, ist auch ein schönes Gefühl.

[2.4., 17:24] Sybille: Und abhängig müsste man definieren, niemand kann ALLES allein, und selbst wenn, wäre es ganz schön traurig, so wie Diogenes im Fass.

[2.4., 17:24] Hartmut: Der war nicht traurig, der hatte Wein.🤣

[2.4., 17:25] Sybille: In Vino veritas.

[2.4., 17:28] Sybille: 🤣 ... heißt: in meiner Nähmaschine, Marke Veritas, ist Wein 🤣

[2.4., 17:29] Hartmut: Nein: Im Wein liegt die Veritas!

[2.4., 17:29] Sybille: Das auch, du hast wohl auch das kleine Latinum?

[2.4., 17:31] Hartmut: Du hast aber auch recht! Ich kann nicht rückwärts Purzelbaum. Und beim Kopfstand trinken z. B.

[2.4., 17:31] Sybille: Ich kann nicht mal Kopfstand ...

[2.4., 17:33] Sybille: ... Aber dafür eine Tonleiter lachen. 🤣🤣🤣

[2.4., 17:33] Hartmut: 👍

[2.4., 17:35] Sybille: Tja, so kann jeder was, sonst wären wir nicht so lange durchs Leben gekommen, trotz manchmal heftigen Gegenwindes. 👍😄

[2.4., 17:36] Sybille: Wie war denn nun dein Besuch?

[2.4., 17:50] Hartmut: War schön. Wetter hat auch mitgespielt, waren eine Runde spazieren.

[2.4., 17:53] Sybille: Haben die Mädels dich in die Mitte genommen? Schönes Gefühl, zwei junge Frauen am Arm, oder?

[2.4., 18:33] Hartmut: Ne, die wissen schon, dass ich noch allein laufen kann.

Und schon schicken wir uns wieder witzige Cartoons zum Thema „alt werden" hin und her. Die neue Art, sich Witze zu erzählen …

[2.4., 18:35] Sybille: 👍🤣 ... das waren Zeiten.

[2.4., 18:38] Hartmut: 🤣👍

[2.4., 18:53] Hartmut: Ups ...

[2.4., 18:55] Sybille: Du bist ja zum Glück noch nicht alt 🙂🙂🙂

[2.4., 19:00] Hartmut: Außerdem kenn ich das eine oder andere Mittelchen ...

[2.4., 19:17] Sybille: Sind wir wieder beim Thema? Dann möchte ich auch den ultimativen Test durchführen: Hartmut mit und ohne Stimulanz ... Oder umgekehrt ... 😮😁🙃

[2.4., 20:11] Sybille: Hab ich dich jetzt geschockt? 😉 Keine Angst, ich bin schon zufrieden, wenn du mir den Po wärmst ... 😉😁 und fürs Erste einmal drücken und gemeinsam Kaffee trinken oder so ... Man wird doch mal fantasieren dürfen ...😚😁

[2.4., 20:29] Hartmut: Alles gut ... So schnell schockt mich nichts!

[2.4., 20:30] Sybille: Na, dann sind wir ja schon zu zweit!

[2.4., 20:50] Sybille: Kann ich morgen endlich deine Stimme hören, bitte? 🙏🙏🙏

[2.4., 20:51] Hartmut: Schaust du fern? Ich schau Netflix, der Mälzer dauert mir zu lange, schau ich aber ganz gern.
[2.4., 20:51] Hartmut: Ich mach dich wach!

[2.4., 20:52] Sybille: Ich gucke SIXX. Oh, yeah, mach mich wach!!!

[2.4., 21:16] Hartmut: Ich mach mich bettfein ... Gute Nacht und schlaf schön! 👻

[2.4., 21:17] Sybille: Ich gehe auch ins Bett, werde morgen zeitig von einer tollen Stimme geweckt.

[2.4., 21:18] Sybille: Schlaf auch schön. 🤭

[2.4., 21:18] Hartmut: Nachti 🙂

[2.4., 21:18] Sybille: Dito

Montag, 3. April – Krankheit überstanden

Endlich! Mein Tag wird wieder von einer inzwischen vertrauten Stimme eingeläutet. Das ist ein gutes Gefühl, auch wenn Hartmut noch nicht so munter wie sonst klingt. Ist nicht verwunderlich nach der Krankheit. Geschont hat er sich auch nur begrenzt. Bestimmte Dinge gehen eben ohne den Firmenchef nicht. Auf meine Frage hin meinte er auch, dass er sich noch nicht vollkommen gesund fühle, da ihn Kopfschmerzen plagen würden und er insgesamt noch ein bisschen schlapp wäre. Hoffentlich übernimmt er sich nicht gleich wieder. Und niemand passt auf ihn auf. Nach einem angeregten Austausch von Gedanken der letzten Woche ist die Zeit auch schon wieder rum. Die Arbeit ruft.

[3.4., 14:42] Sybille: Na du, bist bestimmt schon k. o.? Ich trinke jetzt Kaffee und habe um 15.00 Uhr noch eine Stunde Meeting. Dann ist Feierabend. Bis bald ☺

[3.4., 16:53] Sybille: Oh Mann, ich fahre jetzt zur Polizei, eine Anzeige machen gegen ein Internetkonto. Bin gerade gelinkt worden, so ein Mist, und ich fall auch noch drauf rein, weil ich nie schlecht denken kann ... 😢😫☹

Sofort ruft Hartmut an und fragt:

Hartmut: *Wieso musst du zur Polizei? Was ist denn passiert?*

Sybille: *Ich bin so dumm! Ich habe mich von so einer Internet-Masche linken lassen. Ich habe von meiner Tochter eine Whatsapp bekommen, in der sie mich gebeten hatte, ihr zu helfen bei einer Rechnung. Ich dachte, es ginge um Anwalts-*

kosten, da sie ja auch im Streit mit meinem Mann liegt und da ganz schön was auszufechten hat. Klang alles sehr glaubwürdig, zumal sie mir das am Freitag wiedergeben wollte. Freitag kommt sie ja zu mir. Da habe ich die Rechnung über circa 1.600 Euro übernommen. Hinterher hatte ich sie noch angerufen und sie wusste von nichts. War gerade bei der Bank und hoffe, dass sie das zurückbuchen können. Jetzt werde ich noch Anzeige erstatten.

Hartmut: *Du bist aber auch sehr gutgläubig und vertrauensselig.*

Sybille: *Es ging um mein Kind, da zögere ich nicht lange.*

Hartmut: *Du hast mir zum Beispiel ja auch deine Adresse verraten, ohne dass wir uns je gesehen haben.*

Sybille: *Entschuldige mal, wie sollen wir uns denn sehen, wenn du nicht weißt, wo du hinkommen kannst? Zu dir kann ich ja schlecht kommen. Außerdem dachte ich wirklich, ich könne dir vertrauen, oder hat mich mein Bauchgefühl getäuscht?*

Hartmut: *Nein, natürlich nicht, ich meine ja nur.*

Sybille: *Ich ärgere mich schon genug, nicht unbedingt weil das Geld bestimmt weg ist, das werde ich verkraften, sondern viel mehr über meine Dusseligkeit.*

Hartmut: *Im Prinzip ist es ja auch eine gute Eigenschaft, wenn man immer das Positive im Menschen sehen möchte.*

Sybille: *Vielleicht steckt auch mein Mann dahinter. Dem traue ich alles zu. Er versucht auf allen Wegen, an Geld zu kommen, bedient sich an den Firmenkonten, verklagt mich auf Trennungsunterhalt und versucht sogar meine und seine*

Kinder zu erpressen, die ja auch Funktionen in den Firmen haben.
Und das alles tut er nur, damit er auf längere Sicht noch genügend Geld zur Verfügung hat, um sich seine 37-jährige Escort Lady leisten zu können.

Hartmut: *Da laufen ja kriminelle Sachen ab, von denen du mir noch gar nicht erzählt hast.*

Sybille: *Dafür war mir unsere „Telefonsprechstunde“ einfach zu wertvoll. Es gibt genügend andere Dinge zu besprechen.*

Hartmut: *Erzähl mir davon, wenn wir mal Zeit haben. Welche anderen Dinge meinst du?*

Sybille: *Wir hätten da noch einen Termin nachzuholen. Bekommen wir das diese Woche noch hin?*

Hartmut: *Na, morgen ist wieder mein Behördentag, da ist es ganz schlecht. Da würde nur Mittwoch bleiben, weil ab Freitag schon die Osterfeiertage beginnen. Bevor ich wegfahre, habe ich auch noch einiges zu erledigen.*

Sybille: *Richtig! Ich bekomme ja auch ab Freitag Besuch und habe noch einiges vorzubereiten. Dann lass uns doch mal Mittwoch ins Auge fassen. Genaueres können wir ja noch absprechen.*

Hartmut: *Das können wir machen. So, und nun mach deine Anzeige.*

[3.4., 18:22] Sybille: So, Anzeige habe ich erstattet. Die haben mir erzählt, dass das die typische Masche ist ... Und ich Dussel bin drauf reingefallen ... puh ... erst mal sacken lassen.

[3.4., 18:26] Sybille: Was musst du nur von mir denken: dumm, naiv, leichtgläubig, leichtsinnig ... hoffentlich habe ich dich jetzt nicht verschreckt, und dann noch meine Selfies dazu ...🙂🙈🙃🙁😘😢

[3.4., 18:48] Sybille: Hallo, Bettina, habe gerade eine Anzeige bei der Polizei wegen Betruges aufgegeben. Ich bin so dumm, ich bin auf eine Abzocke reingefallen. Wenn ich Pech habe, sind die 1.600 Euro weg. Aber noch mehr ärgert mich meine Dummheit. Dann habe ich das auch noch Hartmut erzählt (seit heute fährt er wieder in die Firma und hat mich schon heute früh mit Anruf geweckt). Er meint, dass ich ganz schön gutgläubig und vertrauensselig sei, schon deshalb, weil ich ihm ja auch meine Adresse gegeben hatte. Ich habe darauf erwidert, dass ich ihm ja auch alles geglaubt habe, was er mir erzählt hat, oder hätte ich mich etwa geirrt? Ob er vielleicht Leichen im Keller habe? Tja, ich bin halt immer ehrlich und glaube an das Gute, habe ich ihm geantwortet. Wer weiß, was er sich jetzt für Gedanken macht, dabei wollen wir uns ja diese Woche noch sehen, Orientierung auf Mittwoch ... puh, bin ganz schön durcheinander. 🙂🙈🙃🙁😘😢 Siehst du?

Auf die Nachfrage meiner Freundin Bettina, wie es denn dazu gekommen sei, erkläre ich: Whatsapp, neue Telefonnummer von Charlotte, alles sehr glaubwürdig, ob ich für sie eine Überweisung machen könne, weil ihr Onlinebanking nicht geht, wegen neuer Handynummer und Mail und so. War alles so glaubwürdig und natürlich helfe ich meinem Kind. Sie wollte mir das Freitag zurückgeben und Freitag sind wir verabredet, da kommt sie zu mir. Als ich dann noch mal 2.290 Euro überweisen sollte, bin ich stutzig geworden.
Das war die sogenannte „Oma-Masche“, vor der immer gewarnt wird. Es wirkte so echt und hat auch zufällig alles

gepasst. Für meine Kinder mache ich ja nun mal alles.
Oh Gott, ich hätte es Hartmut nicht erzählen dürfen, aber er rief gerade an, als ich auf dem Weg zur Polizei war. Ich bin gespannt, wie unser Treffen wird, mir ist richtig mulmig.

[3.4., 19:58] Sybille: Jetzt trinke ich ein Glas Wein zum Runterkommen, da ich ja nicht rauche ... 🥴 und mein kleines Buch der Antworten hat mir gesagt: „Lach drüber!"

Noch eine letzte Whatsapp an Hartmut für heute:

[3.4., 21:30] Sybille: Schlaf gut, bis morgen früh! 🫠 😗

Heute früh hat mich niemand mit einem Anruf auf dem Weg zur Arbeit geweckt, die Whatsapp-Nachrichten von gestern Abend hat er auch nicht aufgemacht. Er wird gestern fertig gewesen sein, war ja lange krank und dann gleich wieder in die Vollen gehen von 5.00 bis 17.30 Uhr. Er sagte auch, dass er wieder Kopfschmerzen hätte.
Oder ich habe ihn jetzt verprellt, ich wusste schon, warum ich noch einiges für mich behalte. Gestern hat er mich auch ein bisschen über meinen Noch-Ehemann ausgefragt: was er denn für Firmen habe und was da laufe, warum meine Kinder da jetzt Probleme hätten, warum ich mich mit ihm vor Gericht streiten würde ... Über diese Dinge hatten wir bisher nicht gesprochen, nur, warum die Ehe gescheitert ist und warum ich mich trennen musste. Er war sichtlich überrascht, womit ich mich herumschlage, warum ich noch lachen könne, wo dieser Mensch ja offensichtlich kriminell sei.
Bestimmt hat er eine Frau gesucht, die ihr Leben meistert und ihre eigene heile Welt hat, wo alles in Ordnung ist und mit der man nur die schönen Dinge des Lebens genießen kann. Nach dem Motto: Bitte keine Probleme!!! Ich hoffe, dass ich mich irre.

Hoffentlich bekommt er keine kalten Füße. Mal sehen, wann er sich meldet und ob es bei Mittwoch bleibt. Gestern hat mein Tag besser angefangen und dann … Vielleicht ist es ja heute umgekehrt.

[4.4., 08:23] Sybille: Guten Morgen, heute kein Zeichen von dir? Stress? Krank? Oder geschockt von mir?

Ich hab im Moment keinen Lauf… Erst falle ich auf Betrüger herein und jetzt vielleicht schon wieder auf einen Mann. Ich habe noch nichts gehört, er hat nicht einmal meine Guten-Morgen- Whatsapp geöffnet, geschweige denn angerufen. Er hatte bejaht, dass wir heute absprechen, wann und wo wir uns treffen. Wird also wieder nichts. Das ist schon fast eine Hinhaltetaktik. Wieder geirrt und ich hatte so ein gutes Gefühl.

[4.4., 21:01] Hartmut: Stress, alles nicht so prickelnd. Möchte gerade nicht reden.

[4.4., 21:14] Sybille: Versuch zu schlafen, gute Nacht.

Ich stelle mir wieder den Wecker, weil mich ja sicher niemand mit Anruf weckt.
Ganz schön traurig, er drückt sich doch … Die Frage ist, wovor?

Vielleicht schreibe ich heute noch: Nicht traurig sein, wird schon noch klappen mit einem Treffen … Wenn nicht heute oder morgen, dann vielleicht das Wochenende nach Ostern oder nach deinem Urlaub oder nächstes Jahr …

Ich glaube, er hat Schiss, hat ja mehrfach geschrieben, wenn wir uns das erste Mal sehen, knallt es gewaltig, entweder geht es nach vorne oder nach hinten los, und ich glaube, beides will er im Moment nicht wirklich. Die Telefonate und seitenlangen Chats mit mir waren so angeregt, locker und schön, dass sie uns beiden fehlen würden, wenn es „nach hinten" losginge, und vor dem „nach vorne" hat er Angst. So wie er mir erzählt hat, ist er in der Vergangenheit immer gleich in die Vollen gegangen: sofort verliebt, Zelte abgebrochen und neu aufgebaut, selbst während seiner zweiten Ehe hatte er jemanden getroffen, ist zu Hause ausgezogen, hat sich in die neue Beziehung gestürzt, hat nicht geklappt und seine Frau hat ihn zurückgenommen (sie hatte inzwischen aber auch jemanden). Jetzt hat er Angst, dass es ernst werden könnte, denn so was wie mit mir hat er bisher sicher noch nicht erlebt.

Mal schauen, ich bin heute Nacht aufgeschreckt, weil ich geträumt hatte:
Mir kam ein Mann entgegen. Er steuerte strahlend auf mich zu. Er kam mir völlig unbekannt vor und gefiel mir überhaupt nicht. Normalerweise wäre ich an ihm vorbeigelaufen. Aber dann hörte ich jene vertraute Stimme und ein „Naaaa, du". Ich stand wie erstarrt und wusste: Das ist er, aber für mich ist er es nicht … Mal sehen, was das bedeutet. Auf jeden Fall konnte ich eine Weile nicht wieder einschlafen.

[5.4., 08:15] Sybille: Bitte lesen! Guten Morgen, lieber Hartmut, es tut mir leid, dass du Stress hast, da geht es den Menschen wie den Leuten ...Es sieht ja so aus, dass wir uns heute oder morgen nicht sehen werden, vielleicht wird es ja später, z. B. das Wochenende nach Ostern (ich bin ab Samstagmittag wieder zu Hause, nachdem ich meinen Enkel weggebracht habe), oder nach deinem Urlaub oder nächstes Jahr ... Ich glaube eher, dass du dich davor drückst, weil es ja nach vorne oder nach hinten losgehen wird und dir beides im Moment nicht passen würde ... Freue mich auf ein Zeichen von dir, hab einen schönen Tag. ☺ PS: Ich habe keine Angst vor irgendwas, bin mutig und optimistisch und mich haut so schnell nichts um ... Habe nach langer Zeit mein (eigenes) Leben zurück und möchte damit was anfangen, gerne auch mit dir.Ein kluger Mann hat geschrieben: „Zweisamkeit ist immer auch der Freiraum, den jeder braucht", aber füreinander da zu sein, wäre auch toll. LG

[5.4., 17:29] Sybille: Vielleicht darf ich dir im Gespräch (Telefonat) erklären, wie meine Sicht der Dinge ist und was in mir vorgeht, denn ich habe ja noch nicht so ganz viel über mich erzählt. Denke bitte nicht, dass ich dich drängen oder dir die Pistole auf die Brust setzen möchte, bloß nicht ... Immer hübsch ruhig (und dann mit `nem Ruck 😉). Nein, es geht um mich. So was wie mit dir habe ich noch nicht erlebt, neue Situation für mich, und ich möchte gern damit zurechtkommen. Vielleicht können wir darüber reden? Würde mir helfen. LG

[5.4., 18:16] Hartmut: Ich rufe dich morgen zwischen 12 und 14 Uhr an, o. k.?!?! Vorher werde ich es kaum schaffen.

[5.4., 18:16] Sybille: Das ist schön, danke. 👍 🙂

Warum tut er das alles oder, besser gesagt, nichts? Er kann mich doch hier nicht so hinhalten, oder? Auf der anderen Seite ist das hier für ihn wahrscheinlich nicht das wichtigste Thema, er hat noch sehr viel anderes um die Ohren. Er hat sein Leben lang immer Prioritäten gesetzt, um sich auf das Wesentliche zu konzentrieren. Er sucht jemanden für seine Zukunftsplanung, und das hier ist gerade nicht seine Priorität Nr. 1. Er hat ja geschrieben: „nicht mit der Brechstange" und: „Wie viele Jahre kennen wir uns nicht?"
Ich werde ihm erklären, warum es mir wichtig ist, zu wissen, worauf ich warte. Mal schauen, er ist ein sehr empathischer Mensch und wird mich schon verstehen.

Vielleicht hat er aber auch Angst vor Dingen, die er nicht voraussehen kann und die dann auch noch seine Pläne durchkreuzen könnten.
Morgen höre ich seine Stimme, dann geht's mir eh wieder gut. Anruf 12:08 Uhr – Dauer 26 min

Sybille: *Ich freue mich, dass du anrufst. Ich komme im Moment nicht klar mit dem, was hier gerade geschieht. Wir fallen hier von einem Extrem in das andere und ich möchte es einfach verstehen.*
Darf ich dir ein bisschen was von mir erzählen? Dann verstehst du sicher auch, womit ich gerade nicht klarkomme.

Hartmut: *Erzähle nur. Ich höre dir zu.*

Sybille: *Ich war mein ganzes Leben für andere da, für meine Kinder, für meine Männer, für meine Enkel – generell für meine Familie. Ich habe nie an mich gedacht und war mir nie wichtig. Seit letzten Sommer war ich dann allein und hatte erstmals mein eigenes Leben und musste mich nur um mich kümmern. Das hätte so schön sein können, aber mir fehlte da was, oder besser gesagt jemand. Ein Mann, der mich auch mal in den Arm nimmt, mit dem ich über alles reden kann und mit dem ich mir eine Zukunft vorstellen kann. Also bin ich auf die Suche gegangen und habe Arne gefunden! Einen Mann, wie ich ihn immer gesucht hatte: das Aussehen, die Stimme, die Art zu reden, zu lachen und zu schreiben, sein Humor, ein empathischer Familienmensch, der genau weiß, was er will, und dessen Ziele und Pläne auch mir gefallen könnten. Da musste ich an Hirschhausen denken.*

Hartmut: *Hirschhausen mag ich nicht!*

Sybille: *Aber hiermit hat er recht: „Es gibt zu jedem Menschen das passende Gegenstück auf dieser Welt. Die Kunst besteht nur darin, es zu finden, und das möglichst in den ers-*

ten 80 Lebensjahren, damit man noch was davon hat." Der Mann hat recht gehabt und ich habe mein passendes Gegenstück möglicherweise gefunden … Ich will doch nur wissen, ob das stimmt! Das macht mich ganz verrückt, denn so was habe ich noch nicht erlebt.
Ich möchte dich endlich sehen, und dann ist immer irgendwer oder irgendwas gegen uns … Corona, Stress, Firma …

Hartmut: *Ich habe im Moment wirklich richtig viel Arbeit und Stress in der Firma und mit der Familie. Und richtig fit bin ich auch noch nicht wieder. Ich weiß momentan nicht, wo mir der Kopf steht und wo ich überhaupt anfangen soll, und dann machst du auch noch Druck und willst mich unbedingt treffen. Das war mir zu viel. Ich sagte dir schon irgendwann einmal, dass ich bei Druck Zeit zum Runterkommen, Sortieren und Priorisieren brauche.*

Sybille: *Ich verstehe das ja. Da hast du mich eben weggeschoben, weil ich ja nur Priorität 71 oder so bin und weil dein ganz persönliches Glück im Moment unwichtig ist. Vielleicht kannst du mich aber auch ein bisschen verstehen: Ich sitze hier und kann nichts tun. So machtlos war ich in meinem ganzen Leben noch nicht. Ich war es bisher immer gewohnt und man hat von mir erwartet, dass ich die Dinge anpacke und regele. Jetzt habe ich das Gefühl, dass es das erste Mal um mein Glück geht, und bin darauf angewiesen, was du sagst und tust.*

Hartmut: *Ich sehe ja auch, dass das mit uns super passen könnte. Ich habe im Moment aber wirklich keine Zeit. Morgen fahre ich nach Hamburg zu einer großen Feier bei meinen Freunden, dann noch weiter zu meinen Nachbarn vom Ferienhaus. In der Woche darauf habe ich viel Arbeit und dann fahre ich schon in den Urlaub.*
Wir können immer schreiben, aber mit Telefonieren ist schlecht. Besser ist, wir zügeln mal die Pferde etwas und machen in einem normalen Tempo weiter.

Sybille: *Na, dann machen wir mal weiter. Ich bin zwar unzufrieden, aber erzwingen kann ich auch nichts. Aber danke, dass du mir zugehört hast. Ich freue mich, wenn ich von dir höre …*

[6.4., 13:09] Sybille: So, liebe Bettina, ich hatte gerade 30 min Gespräch. Erst sehr ernst und reserviert, zum Schluss wieder die gewohnte, lebendige Stimme, die mir gute Laune macht, und dazwischen … Ihm ging es nicht so gut, war ja noch nicht richtig fit, hatte viel Arbeit und auch Stress mit der Familie und wusste nicht, was er zuerst machen sollte. Dann mache ich Druck und will ihn unbedingt treffen, wo er gar nicht weiß, wie er das alles hinkriegen soll. Das war ihm zu viel. Er sagte, wenn er unter Druck steht, braucht er Ruhe zum Runterkommen, Sortieren und Priorisieren. Da bin ich mal vorübergehend weggeschoben worden. Also Pferde zügeln und in einem normalen Tempo weitermachen. Aber was ist normal? An den Osterfeiertagen ist er in Hamburg bei Freunden, große Feier und so, Telefonieren sei schlecht, aber wir könnten schreiben, die Woche drauf habe ich Max. Er muss viel arbeiten, weil seine Vertretung nicht da ist, aber Kontakt geht und dann schauen wir weiter. Muss mich halt zusammenreißen und weniger Whatsapps schicken.Habe eindringlich meine Gedanken geäußert, sind auch deutlich angekommen. Es geht weiter, aber langsam. Jetzt ist erst einmal Ostern, morgen kommen meine Kinder und der Rest ist auch schon durchgeplant. Bin traurig, aber geht schon.

[6.4., 16:16] Sybille: Juhu … mein Geld ist wieder auf meinem Konto zurück. 🤗👍🙂

[6.4., 18:43] Hartmut: Na super!!

[6.4., 18:44] Sybille: Noch mal Glück gehabt, ansonsten Ablage „Erfahrungen". ☺

Im Moment rast mein Herz, Hartmut hatte echt dichtgemacht, habe ihn gerade noch einmal für mich gewinnen können und muss nun auf seine Initiativen warten. Ich habe zwar Ablenkung, ist aber nicht befriedigend.

Das wird definitiv eine schwere Geburt.

Kapitel 12

Ostern macht jeder seins - auch nichts Neues

Spät am Abend flattern mir noch Bilder von Hartmut aufs Handy, nicht von Hartmut, sondern:
Bild 1: Blick aus der Fahrerkabine seines Wohnmobils auf einen recht leeren Wohnmobilstellplatz … habe ich sofort an dem Plüschelch erkannt, der auf der Ablage sitzt und aus dem Fenster schaut.

Bild 2: Der Tisch im Wohnmobil ist gedeckt, mit allem, was ein Mann so braucht … ein Glas Bier, ein gefülltes Whiskyglas, eine gerade angebrochene Whiskyflasche, eine Fernbedienung und im Hintergrund ein Norwegen-Fähnchen. Dazu gibt es den Kommentar:

[6.4., 22:43] Hartmut: Genthin, Stopp für heute 🙂 morgen nach Hamburg 👍

[6.4., 22:44] Sybille: Bist du mit dem Wohnmobil unterwegs? Dein Männertagsquartier?

[6.4., 22:47] Sybille: Jetzt kenne ich deine Whiskymarke, wieder ein Geheimnis preisgegeben … 😥😉🙂

[6.4., 22:49] Sybille: Gehe jetzt auch ins Bett. Schlaf schön! 🫠😗

[6.4., 23:18] Hartmut: Ja klar, nach Hamburg. Meine Whiskymarke gibt es nicht. 🙂

Karfreitag

[7.4., 08:38] Sybille: Guten Morgen! Raus aus den Federn, die 🌞 scheint. Gute Fahrt nach Hamburg. ☺

[7.4., 10:14] Sybille: Mein Kalender-Wochenspruch ☺ – also, falls er über den Platz hoppelt, weißt du Bescheid: 🐰 „Folge dem Osterhasen, er hat Schokolade!"

Damit habe ich erst einmal meine Ostergrüße verschickt, nicht nur an Hartmut, sondern auch an die liebe Verwandtschaft.

Meine Kinder werden ja auch bald eintrudeln. Dann wird die Hütte voll. Heute Abend ist ein Grillabend geplant. Zu Weihnachten hatten mir meine Kinder einen Grill geschenkt, den Kamingrill konnte ich bei meinem Umzug im letzten Sommer schlecht mitnehmen. Seit Weihnachten schlummert das gute Stück in der Kiste und wartet auf seinen ersten Einsatz. Heute ist es nun so weit. Das Grillgut ist schon vorbereitet. Ich habe die Kammscheiben nach jahrzehntelang bewährtem Rezept gewürzt und in Bier eingelegt und Grillspieße und Würstchen sind auch da. Also Abendbrot gesichert. Zum Kaffee gibt es die beliebten Standardkuchen: Bienenstich und Kakaostreusel. Diese Kuchen lieben meine Kinder schon immer und die Enkel ganz genauso. Meine Schwiegertochter bringt auch noch was Selbstgebackenes mit, dann sollte es reichen für acht Personen.

Nun muss ich aber langsam Mittag vorbereiten. Der Besuch wird ja bald anrücken. Es gibt nur was Einfaches: Senfeier … passt zu Ostern und wir wollen uns ja noch ein bisschen Appetit für heute Abend aufheben.

Um 12.00 Uhr ist bei mir Mittagszeit. Das war schon immer so. Ich kenne es von zu Hause, habe es so weitergeführt und meinen Kindern und Enkeln ist diese Essenszeit inzwischen auch in Fleisch und Blut übergegangen. Verzögerungen durch Stau und Baustellen bei der Anreise lasse ich aber auch gelten, sodass wir am Ende eine halbe Stunde später essen können.

Ein gutes Gefühl, wenn wieder Leben in der Bude ist. Die Enkel sind mit ihren 11 und 17 Jahren inzwischen ruhiger geworden. Sie interessieren sich eher für YouTube, Tiktok und wo ich mein WLAN-Passwort habe. Aber der Hundenachwuchs meiner Schwiegertochter macht das Ganze sehr lebendig. Alfred ist ein kräftiger Mischlingsrüde mit spitzen Milchzählen, unbändiger Neugier und Energie ohne Ende. Auf meinem überschaubaren Grundstück findet er die wenigen bebauten Flächen. Dort lässt es sich auch viel besser graben. Ich freue mich sehr über diesen erfrischenden Besuch und verbinde das mit der Hoffnung, dass die drei Nachbarskatzen gezeigt bekommen, wo ihr Reich endet. Nichts dergleichen.

Auf die Frage: „Alf, wo ist Lucky?“ (eine der Katzen heißt wirklich so) kommt mir ein gut gelaunter, schwanzwedelnder Hund entgegen, freut sich, dass er meine Aufmerksamkeit hat und möchte mit meinem Pullover spielen. Während ich mit einem durchlöcherten Pullover dahinziehe, sitzt der weiße Kater mit roter Schwanzspitze namens Lucky auf dem Zaun und ich glaube ein Grinsen auf seinem Gesicht zu erkennen.

Nun gut, da muss der Hund halt noch lernen, dass Katzen nicht seine natürlichen Spielkameraden sind.

Die Zeit vergeht wie im Fluge. Das Wetter erlaubt es, dass wir uns draußen aufhalten können, und nach einem Nickerchen und Kaffeetrinken sollte man doch an die Grill-Vorbereitungen denken. Wie immer wird Lars den Grillmeister geben und ich bitte ihn, doch schon mal alles bereitzustellen. Auf seine

Frage, wo denn der Grill stehe, antworte ich: „Na, dort im Schuppen, wo ihr ihn Weihnachten hingestellt habt. Musst du nur noch zusammenbauen! Den Rest wie Grillkohle und so findest du auch dort.“ Inzwischen ist auch mein Stiefsohn aus dem Nachbarort eingetrudelt und wird sofort von der guten Stimmung angesteckt.

Ich ziehe mich einen Moment zurück und denke an Hartmut. Ein Blick auf mein Handy zeigt, dass er sich heute noch nicht gemeldet hat. Nun gut, dann schreibe ich eben noch einmal und lasse ihn ein wenig an meinem Leben teilhaben. Mein Handy ist ja noch für andere Dinge sinnvoll einsetzbar, zum Beispiel für Fotografieren … Alfred zwischen meinen Stachelbeeren, wie er die Nachbarn einschließlich Katzen beobachtet; Alfred, wie er es sich auf der Liege bequem macht; Lars, wie er den aufgebauten Grill in Gang bringt; die Mädchen im angeregten Gespräch … Sogar meine Enkel sind mal an die frische Luft gekommen. Sofort gesellt sich Alfred zu Max, während Erik mit seinem Handy in der Hand eigentlich nur seinen Standort von drinnen nach draußen verlagert hat.

Ich schreibe an Hartmut.

[7.4., 18:03] Sybille: Heute wird mein Grill eingeweiht.

Dazu poste ich ein Foto, auf dem ich am Grill stehe und das Fleisch umdrehe. Natürlich gestellt, weil diese Aufgabe ja mein Sohn übernommen hat.

Es wird insgesamt ein lustiger Abend, der darin gipfelt, dass wir uns witzige Cartoons und Sprüche auf unsere Handys hin und her schicken. Früher haben wir uns noch Witze erzählt. Das würde mir nur Spaß machen, wenn ich mir mit jemandem die Stichworte zuwerfen könnte.
Relativ spät am Abend bekomme ich eine Whatsapp von Hartmut. Er schickt mir ein Selfie. Ich sehe diesen hübschen Mann mit 5-Tage-Bart an seinem Wohnmobil stehen. Die

obersten zwei Knöpfe seines Hemdes sind geöffnet und ich denke darüber nach, ob er jemals Krawatte tragen würde. Hartmut sieht müde aus. Ich glaube aber nicht, dass ich ihn bedauern muss. Das ist sicher das Ergebnis der heutigen Vorfeier zum morgigen runden Geburtstag seines Freundes.

[7.4., 21:38] Hartmut: Ich bin bettfein 😉 reicht für heute 😳

[7.4., 21:39] Sybille: Was heißt fein, ist doch einfach: Hosen fallen lassen und fertig, du Nacktschläfer 😉

[7.4., 21:40] Sybille: Dann gute Nacht, träum süß von sauren Gurken. 😝 🫠

[7.4., 21:41] Hartmut: Jupp

[7.4., 21:42] Sybille: Ohne Hose, aber Hemd muss sein, oder wie?

[7.4., 21:49] Hartmut: Nö, im Wohnmobil auch mit Hose

Wieder schickt er mir Selfies. Da hat ihn der Alkohol eindeutig locker gemacht. Hartmut hat sich inzwischen einen Pyjama angezogen und ins Bett gelegt. Sein Kopf liegt auf dem Kissen und er scheint beim Fotografieren konzentriert in die Kamera zu schauen. Neben einem leichten Doppelkinn und den tiefen „Stressfalten" fallen mir das erste Mal horizontale Sorgenfalten auf der Stirn auf. Auf dem zweiten Bild sehe ich seine karierte Pyjamahose. An den Enden schauen zwei nackte Füße heraus. Ich schätze mal Schuhgröße 43 oder 44. Ein Nacktfoto von Hartmut!

[7.4., 21:52] Sybille: Jetzt wird's verrückt, mit Hose. Wow, so siehst du aus, wenn du im Bett liegst. 👍 🙂 🙂 😘 😘

[7.4., 21:54] Sybille: Aber wenn man in deinem Wohnmobil generell die Hose anlassen muss, wäre das bestimmt doof.

[7.4., 21:55] Hartmut: Darf Ausnahmen geben. Definitiv!

[7.4., 21:56] Sybille: Na, dann darfst du mich auch mal mitnehmen 😘

[7.4., 21:58] Hartmut: Schlaf schön 🥴

[7.4., 21:59] Hartmut: 😘

[7.4., 21:59] Sybille: 😘😘😘

Das war eine eher ungewöhnliche Kommunikation. Sicher hat ein entsprechender Alkoholkonsum dazu beigetragen. Der Volksmund sagt: „Betrunkene und kleine Kinder sagen die Wahrheit!" Vielleicht kenne ich jetzt wieder ein Stückchen Wahrheit mehr. Was ich gesehen habe, gefällt mir, und Hartmut ist bereit, sich für mich zu öffnen, oder es ist nur seine große Sehnsucht nach einer Frau. Und ich scheine im Moment die beste Wahl zu sein. Mit diesen Gedanken und Bildern im Kopf gehe ich jetzt auch in mein Bett.

Ostersamstag

Ich krieche aus meinem Bett und stelle fest, dass da schon Bewegung im Haus ist. Die Frühaufsteher haben schon den ersten Pott Kaffee getrunken. Als „Welpen-Eltern" muss man das Kind beizeiten vor die Tür lassen. Wenigstens ist deshalb schon einmal Kaffee fertig und ich kann gemächlich wach werden, bevor ich mich in die Frühstücksvorbereitungen stürze. Brötchen, Obstteller, Frühstückseier,

Rührei und Bacon und so weiter sind bei Oma Pflicht, sonst wären meine Enkel enttäuscht. Und nach dem Frühstück kommt der Osterhase, der bunte Eier, Osterkörbchen und kleine Geschenke versteckt. Bei der Suche ist sogar noch der 17-jährige, 1,87 große Erik mit Begeisterung dabei. Ich finde es dieses Jahr besonders spannend, weil das aufgrund meines Umzuges ein anderes Grundstück mit völlig neuen Verstecken ist. Meine große Enkeltochter geht ja inzwischen ihrer Wege und ist nun nicht mehr beim Eiersuchen dabei. Sie hat ihre Osterüberraschung aber bereits per Post von mir bekommen. Die anderen beiden Enkel kommen morgen, wenn Lars mit seiner Familie wieder weg ist. Unsere kleine Maja hat panische Angst vor Hunden wie überhaupt vor Tieren jeglicher Art. Da wollten wir sie noch nicht mit dem doch recht großen und stürmischen Welpen Alfred konfrontieren. So habe ich jeden Tag etwas Ablenkung und kann die Feiertage mit meiner Familie genießen. Von Hartmut kommen ja nur noch spärliche Nachrichten und mit einem Treffen hat es immer noch nicht geklappt. Wir schreiben und telefonieren ja auch „erst" einen Monat lang. Apropos … Ein Morgengruß sollte schon sein.

[8.4., 09:13] Sybille: Guten Morgen, bei uns war schon der Osterhase da. 🐰 Ich schicke auch dir mein Suchbild. Ist ein bisschen verwirrend, wenn der Pflanzkübel mit vielen bunten Eiern dekoriert ist, oder? Jetzt die große Frage: „Welches Osterei ist essbar?"

Während ich die Lammkeule in den Ofen schiebe, erzählt mir meine Schwiegertochter Henriette, dass sie in einer Bärlauch-Whats app-Gruppe ist. (Was es alles gibt … Ich habe schon mit Hartmut genug zu tun.) Gerade hatte sie einen Standort ganz in der Nähe entdeckt, wo es noch ausreichend Bärlauch geben soll. Im Brandenburgischen wird man da kaum noch fündig und aufgrund der zurückgehenden Bestände ist das Ernten nicht mehr gestattet. Auch ich liebe Bärlauch. Was man daraus alles zaubern kann: Bärlauch-Butter, Bärlauch-Quark, Bärlauch-Pesto, Bärlauch-Soße, Bärlauch-Süppchen oder auch Bärlauch-Salz. Das Salz ist dann eher Henris Spezialität. Es war keine Überzeugungsarbeit notwendig. Ich war sofort bei ihr.

Lars bekam den Auftrag, sich um die Lammkeule zu kümmern und vielleicht schon mal Kartoffeln zu schälen, und wir Mädels fuhren in den 20 Minuten entfernten Bärlauch-Wald.
Schon nach wenigen Metern sticht uns der Knoblauchgeruch in der Nase. Noch ein paar Schritte weiter breitet sich ein Bärlauch-Teppich aus, der den gesamten Waldboden bedeckt. So ein schönes Bild. Ruck, zuck ist unser Körbchen gefüllt. Ein paar Fotos brauchen wir natürlich auch, Henri für ihre Whatsapp-Gruppe und ich für „?“, na ja, vielleicht für die Nachwelt. Dann kann ich meinen Urenkeln erzählen: „Tja, damals gab es noch Bärlauch …“ Aber ein Foto kann ich auch an Hartmut posten, nicht dass er denkt, ich würde mich ohne ihn langweilen. Darunter den Kommentar:

[8.4., 12:41] Sybille: Kannst du es riechen? Morgen machen wir Bärlauch-Butter. 😛😄

Mit dem Mittagessen hat auch alles geklappt, die Lammkeule war nicht angebrannt. Unser Entschluss steht nun fest: Wir haben eine neue Ostertradition: Waldspaziergang mit Bärlauch-Ernte! Auch meine Tochter Charlotte will im nächsten Jahr unbedingt dabei sein.

Es kehrt Ruhe ein. Der Besuch ist wieder weg, außer mein Mäxchen. Eine gute Gelegenheit für ein Mittagsschläfchen. Danach das Chaos beseitigen und dann können wir die Karten rausholen und uns einen gemütlichen Abend machen.

[8.4., 19:19] Sybille: Kinder wieder weg, mein Max ist noch da. Er mixt uns gerade Cocktails, das macht er allzu gern ... natürlich alkoholfrei ...🙂ich schummele mir später noch einen Schuss Rum rein 🙈😄🥴

[8.4., 19:20] Sybille: Du hast ja schließlich auch Party und vielleicht bekomme ich ja von dir heute Abend noch einmal so anregende Bilder ... 🥺

Von Hartmut kam heute kein Zeichen …

[8.4., 23:37] Sybille: Gute Nacht, lieber Hartmut, gehe jetzt ins Bett, hatte noch auf ein Zeichen von dir gewartet, aber da wird eure Fete sicher noch in vollem Gange sein 🙂🙂🙂 Schlaf schön. 😘🥱

Ostersonntag

Es ist ein ruhiger Feiertag mit meinem Enkel Maximilian. Noch …

Am Vormittag verarbeiten wir den Bärlauch, produzieren Bärlauch-Butter und füllen diese ab in Behälter, in Pralinenförmchen zum Einfrieren von kleinen Portionen Butterrollen in Folie … Na, ob das als Wintervorrat reicht? Wir haben auch noch keinen Bärlauch-Quark und auch kein Bärlauch-Pesto. Da werden wir in der kommenden Woche sicher noch einmal einen Waldspaziergang planen.
Ich habe gar nicht mitbekommen, dass mir Hartmut eine Nachricht geschickt hat. Ist ja auch nur ein Zeichen und soll für heute auch das letzte gewesen sein.

[9.4., 10:36] Hartmut: Guten Morgen ... tot ... 🙁🙁🙁 🥺🥺🥺🤣🤣🤣

[9.4., 11:33] Sybille: Guten Morgen, oje, und heute geht's weiter, viel Spaß 🤣🤣🤣

Ich schicke ihm noch zwei Bilder, die ihn aber nicht wirklich zu interessieren scheinen. Die Nachrichten dazu öffnet er auch erst am nächsten Tag.

[9.4., 15:05] Sybille: Ruhe vor dem Sturm, gleich kommen die nächsten Truppenteile 😄😄😄

[9.4., 16:39] Sybille: Grüße aus der Bärlauch-Butter-Fabrik 👍😄

Am Nachmittag trudeln dann die anderen beiden Enkel ein – natürlich mit ihren Eltern – und wollen selbstverständlich auch ihre Osterüberraschungen suchen. Max und ich freuen uns, da wir ja nun schon die „neuen" Verstecke kennen und das Treiben genüsslich beobachten. Das Verstecken hatte Max übernommen und ich sehe ein etwas schadenfrohes Grinsen auf seinem Gesicht. Ihm rutscht die Bemerkung heraus: „Das finden die beiden nie!" – Weit gefehlt! Selbst der Osterhase unter der Grillhaube bleibt nicht unentdeckt. Das jährliche Eiersuchen ist immer wieder ein Ereignis. Ich erinnere mich daran, dass vor mehreren Jahren sogar einmal Schnee zu Ostern lag. Da konnte ich nicht widerstehen und habe weiße Eier im Schnee versteckt. Nachdem meine jetzt 22-jährige Enkeltochter sich beschwerte, dass das gemein sei, meinte ich nur: „Wieso gemein? Eure Oma will auch ein bisschen Spaß haben!"

Nachdem die jungen Eltern wieder aufgebrochen sind und die Kinder wie abgesprochen bei mir gelassen haben, hatten wir noch einen richtig schönen Oma-Enkel-Abend.
Ich schicke noch einen Gutenachtgruß an Hartmut, damit er sieht, dass ich ihn nicht vergessen habe, rechne aber mit keiner Reaktion.

[9.4., 22:22] Sybille: Gute Nacht, ich bin jetzt bettfertig. Natürlich mit Hose, weil hier drei Kids rumlaufen, und die sollen sich nicht die Augen verblitzen. 🙃 😉

Ostermontag

Heute werde ich mit Leo, Max und Maja einen richtig tollen Tag verbringen. Habe mir schon einiges überlegt. Ich freue mich, dass die drei auch einmal zusammen Spaß haben werden. So oft sehen sich die drei ja auch nicht. Leo und Maja müssen morgen wieder zur Schule, während Max noch Ferien hat. Sie wohnen in unterschiedlichen Bundesländern.

Ich will die Kids gerade zum Frühstück rufen, da kommen Nachrichten bei mir an. Ist denn das möglich? Hartmut lebt noch.

[10.4., 08:40] Hartmut: Guten Morgen 🙂

[10.4., 08:41] Hartmut: Bin bei meinen Ferienhaus-Nachbarn. Sie wohnen in der Nähe von Hamburg.

Es folgt ein Bild von seinem parkenden Wohnmobil vor einem Hühnerauslauf und eine Google-Karte mit seinem Standort.

Sehr persönliche Nachrichten, muss ich schon sagen. Aber das war es dann auch schon wieder. Ich finde das alles ganz schön eigenartig.

[10.4., 08:57] Sybille: Guten Morgen, so früh schon munter und nüchtern? 😉 🙂

[10.4., 09:00] Sybille: Schön, von dir zu hören. 😄 ... ich habe heute meine Enkel Leo, Maja und Max hier, wir werden bei dem schönen Wetter 🌞den ganzen Tag auf Achse sein.

[10.4., 09:01] Sybille: Da gibt es wohl frische Frühstückseier? 😄😄😄

[10.4., 10:18] Sybille: So ... Jetzt noch den restlichen Kaffee auf der Terrasse austrinken und dann geht's los ... 😄😄😄

Ich lasse mir die Laune nicht verderben. Ich bin es ja inzwischen gewohnt, dass Hartmut sich nur meldet, wenn er Lust und Laune hat und es ihm gerade in den Kram passt.
Wir fahren jetzt auf den Petersberg bei Halle und werden dort die Sommerrodelbahn und den Kletter-Parcours unsicher machen. Wir, das heißt: Die Kinder können sich austoben und Oma schaut zu und schießt Fotos. Und schon ist auch der letzte Osterfeiertag zu Ende. Ich bringe die beiden Nichtferienkinder nach Hause und mache mir mit Max einen ruhigen Abend. Natürlich bekomme ich auch wieder einen Cocktail serviert.
Ich versuche noch einmal, zu Hartmut Kontakt aufzunehmen. Inzwischen sollte er ja zu Hause sein.

[10.4., 19:30] Sybille: Darf ich morgen deine Stimme wieder hören? Bitte, bitte!!! 🙏

[10.4., 20:50] Sybille: Habe Urlaub, darfst mich aber sehr gerne früh wecken 😉🙂

[10.4., 21:48] Hartmut: Bleibe noch einen Tag länger hier 😌🤣🤣👍👍

[10.4., 21:49] Sybille: Ich dachte, du wärst schon zu Hause. Du musst doch ab morgen Frau Richter vertreten. 🙃

[10.4., 21:52] Sybille: Vielleicht magst du mich ja anrufen auf der langen Fahrt nach Hause. Würde mich freuen. 🙂🙂🙂 Dann wünsche ich dir noch eine schöne Nacht mit Hose im Wohnmobil. 😉

[10.4., 22:07] Hartmut: 🤣👍 Die Hose kann ich nicht versprechen ...

[10.4., 22:08] Sybille: Wie bitte? Was hast du vor?

[10.4., 22:09] Sybille: Na dann, viel Spaß, mit wem auch immer. 👍🙂

[10.4., 22:34] Hartmut: 🤣🙂

Er schickt mir ein Selfie. Er hat winzig kleine Augen und Falten im ganzen Gesicht. Ach du liebe Güte! Er sieht aus wie nach einer durchzechten Woche!

[10.4., 22:35] Sybille: Wow, du lebst!!! Ein Bild von dir, juhu!

[10.4., 22:37] Sybille: Siehst ganz schön müde aus oder traurig oder ... 🤣🙂😘

[10.4., 22:42] Sybille: Gehe auch langsam ins Bett, die Kids haben mich geschafft ...

[10.4., 22:45] Hartmut: Schlaf schön 😘

[10.4., 22:45] Sybille: Du auch😘

[10.4., 22:46] Hartmut: 🥴

[10.4., 22:46] **Sybille:** Was heißt das?

[10.4., 22:46] **Hartmut:** Falsch !!!!!

[10.4., 22:46] **Hartmut:** 😍

[10.4., 22:47] **Hartmut:** Besser

[10.4., 22:47] **Sybille:** Viel besser 🤣

[10.4., 22:47] **Hartmut:** Gute Nacht!!!

[10.4., 22:47] **Sybille:** 😘😘😘😘😘

[10.4., 22:48] **Sybille:** 😘😘😘

[10.4., 22:48] **Sybille:** Genug geknutscht!!!! Jetzt wird geschlafen.

[10.4., 22:49] **Hartmut:** Nicht übertreiben 🙂😘

[10.4., 22:49] **Sybille:** Genau, sonst kommen wir noch auf den Geschmack.

[10.4., 22:49] **Hartmut:** Schlaf schön. 👍

[10.4., 22:49] **Sybille:** Du auch. 🙂

Kapitel 13

Hartmut macht sich rar

[11.4., 10:42] Sybille: Guten Morgen, guten Tag, und schön, wenn ich von dir höre. ☺☺☺

[11.4., 10:43] Sybille: Fahr ordentlich! ☺👍

Inzwischen sollte Hartmut ja zu Hause angekommen sein. Morgen geht der Arbeitsalltag wieder los und vielleicht höre ich dann auch mal wieder was von ihm. Das versteht er also unter „Pferde zügeln" und „in einem normalen Tempo weitermachen". Wenn das normal ist? Ich falle hier von einem Extrem in das andere. Ein gesunder Mittelweg wäre mir da schon lieber. Wird ja vielleicht noch … irgendwann.

Es ist bereits Mittwoch. Und endlich, um 17.17 Uhr ruft Hartmut an. 17 Minuten lang erzählt er mir von seinem „stressigen" Wochenende in Hamburg. Die ganze Feierei verträgt man auch nicht mehr so gut wie früher. Der Besuch bei seinen Ferienhaus-Nachbarn war dann aber doch noch sehr schön. Deshalb ist er auch noch einen Tag länger geblieben. Die Freunde haben ein großes Motorboot auf der Elbe und er durfte damit eine Spritztour unternehmen. Das wollte er sich nicht entgehen lassen. Und schon schickt er mir ein Foto vom Steuermann Hartmut. Zum Kapitän hat es nicht gereicht, da fehlte die Mütze. ☺
Zum ersten Mal habe ich ein Bild von ihm, das ihn im Profil zeigt: einen stolzen, ernsten Mann mit ausgeprägter Denkerstirn, Vollbart und mehr Haaren auf dem Kopf als vermutet. Wieder ein Hartmut, den ich noch nicht kenne.

[12.4., 21:45] Sybille: Ich wünsche dir süße Träume 🤤😘

[13.4., 06:57] Sybille: Guten Morgen, ich wünsche dir einen stressfreien Tag 😄

[13.4., 12:20] Sybille: Habe gerade mein Blitzerfoto bekommen. Bin zwar schwer zu erkennen, aber muss ich gelten lassen. Das Nachher-Bild hast du ja schon. Mein Dienstfahrrad kann stehen bleiben, Glück gehabt. 🤗🤗🤗

Ich schicke ihm mein Foto per Whatsapp zu und bekomme auch einen Kommentar zurück. Er versucht, witzig und locker zu sein. Tja, bei dieser einen Nachricht bleibt es dann auch für heute.

[13.4., 12:34] Hartmut: Frau Puppendoktor Pille ... 🤣

[13.4., 13:15] Sybille: Die große kluge Brille macht es ... 👍 andere brauchen nur eine kleine Brille und nicht einmal das Latinum 🙂🙃🤣

Am nächsten Tag muss es Hartmut aufgefallen sein, dass er sich inzwischen sehr rargemacht hat. Wahrscheinlich ruft er mich nur deshalb auf seinem Weg nach Hause an. Oder er meldet sich so selten, damit ich ihn nicht mit meinen Fragen zu einem möglichen Treffen belästigen kann.

Hartmut: *Naaaa, du. Wie war die Woche mit deinem Enkel?*

Sybille: *Ach ja, wir hatten ein paar schöne Tage. Nun ist die Woche aber auch vorbei und ich fahre ihn morgen wieder nach Hause. Ich komme auch gleich am selben Tag wieder zurück. Dann kann ich das Wochenende noch nutzen, wofür auch immer ...*

Hartmut: *Ich werde am Wochenende Wäsche waschen und*

meinen Urlaub vorbereiten. Ich will auch gleich noch einiges einkaufen fahren, weiß aber noch nicht so richtig, was.

Sybille: *Fürs Wochenende oder für den Urlaub?*

Hartmut: *Na, beides. Ich feiere ja meinen Geburtstag in Skandinavien und meine Gäste sind es gewohnt, dass ich ein typisch deutsches Gericht koche.*

Sybille: *Wie viele Gäste erwartest du denn?*

Hartmut: *Na, sechs Gäste: meine Nachbarn, die ich am letzten Wochenende besucht hatte, ein befreundetes Paar am Ort und die beiden, von denen ich dort das Grundstück gekauft habe und die mich beim Hausbau unterstützt haben.*

Sybille: *Was hältst du von Gulasch, Klößen und Rotkohl?*

Hartmut: *Hatte ich schon.*

Sybille: *Eisbein und Sauerkraut mag bestimmt nicht jeder, aber ein richtig zünftiger Schweinebraten oder Kassler ist auch immer super.*

Hartmut: *Das kochen die dort auch immer mal selbst, es soll etwas sein, was dort nicht so häufig gekocht wird. Ich dachte schon an Rouladen.*

Sybille: *Das ist eine sehr gute Idee, hätte von mir sein können, haha. Dann mach das doch so. Mit einem falschen Hasen wirst du ja auch niemanden überraschen können! Wie ist das denn eigentlich mit Telefonieren dort? Fallen da Extragebühren an? Ich würde mich schon immer mal wieder über einen Anruf freuen. Dann könnten wir sogar mal am Abend telefonieren, du auf deiner Terrasse, ich auf meiner …*

Hartmut: *Muss ich mal gucken, ich hatte ja immer mehrere Telefonkarten mit. Hin und wieder gehe ich auch online, um meine E-Mails zu checken, falls in der Firma was geklärt werden muss. Aber das kann man ja noch rausbekommen, welche Tarife dort gelten. Darüber habe ich mir bisher keine Gedanken gemacht. War bisher auch nicht nötig … höchstens mal ein klärendes Gespräch für die Firma, damit der Laden wieder läuft.*

Sybille: *Na, dann gehen wir mal ins Wochenende. Du hast ja genug zu tun. Dann gehe ich vielleicht am Samstag aus.*

Hartmut: *Ja, und meine Mädchen wollen ja auch noch vorbeikommen.*

[14.4., 22:25] Sybille: Gute Nacht, lieber Hartmut, bin jetzt im Bett, muss an dich denken und wünsche dir schöne Träume. 😘 🫠

[15.4., 08:40] Sybille: Guten Morgen, habe gerade gelesen, dass die EU-Roaming-Gebühren in ganz Skandinavien gelten, da kannst du ja problemlos von dort aus telefonieren … Das wäre super. 🤗👍🙂 Ich wünsche dir einen angenehmen Waschtag. 🤣🤣🤣

[15.4., 16:56] Sybille: Hallihallo, bin wieder zu Hause: Max nach Neuruppin gebracht 🙂, 1 × im Stau gestanden 😉, jetzt ein bisschen ausruhen und heute Abend in den Glitzerfummel werfen und mal schauen, wie mein Marktwert ist 🙈 …

[15.4., 16:57] Sybille: Viel Spaß mit deinen Mädchen 🙂

[15.4., 17:54] Hartmut: Das wird die Vorspeise zu meinem Geburtstagsessen am 01.05.

Auf dem Bild erkenne ich einen gemischten Salat und eine Spinat-Lachs-Rolle. Sieht sehr lecker aus. Anschließend schickt er mir ein Video, auf dem acht Rouladen in einem Bräter angebraten werden. Er verwendet zum Fixieren der Rollen Zahnstocher. Ist ja eine interessante Methode. Ich benutze dafür Rouladen-Nadeln.

[15.4., 17:57] Hartmut: Hab mich für Rouladen entschieden.

[15.4., 17:58] Sybille: Wow, du zauberst ja ein Menü!!! **Rouladen sind eine gute Wahl.** 👍

[15.4., 18:02] Sybille: Und was gibt es zum Nachtisch???

[15.4., 18:11] Hartmut: Selbst gebackene Zimtschnecken mit Vanillesoße und Pistazieneis

[15.4., 18:16] Sybille: Mhmm. Vielleicht verwöhnst du mich ja auch mal?!?! Also verwöhnen gern auch mit Gaumenfreuden, aber bitte nicht mästen ... Dann bekomme ich wieder Zustände, weil ich Angst habe, dass ich so fett bin, dass mich kein Mann mehr anfasst und mich deshalb betrügt. Sitzt tief bei mir. 🙁

[15.4., 18:16] Sybille: Hast du bei euch zu Hause immer gekocht? Oder kann deine Frau das auch?

[15.4., 18:24] Hartmut: Die aufwendigen Sachen ich.

[15.4., 18:26] Sybille: Und Nudeln mit Tomatensoße für die Kinder sie dann?

[15.4., 18:27] Sybille: Hast du nicht Besuch?

[15.4., 18:31] Sybille: Mann, du Teufelskerl!!! Springst ins Wasserloch, fängst die großen Fische und backst Zimtschnecken!!! Verrückt ... Kannst du auch stricken? 🙈😉🙃🤣

[15.4., 18:54] Sybille: So, ausgehfertig 🙂

Frisch geduscht, Haare frisiert, dezent geschminkt, ein recht tief ausgeschnittenes silbernes Paillettenshirt, schwarzer Blazer und Perlenkette ...

Die Perlen sind der einzige wertvolle Schmuck, den ich von meinem zukünftigen Ex-Ehemann jemals geschenkt bekommen habe. Nachdem ich mich beschwert hatte, dass er seiner Escort-Lady jedes Wochenende Schmuck und andere Luxusgegenstände hinterherwirft und ich in den 25 Jahren keine Schmuckstücke bekommen habe (außer meinem Ehering, einer Kette für 50,00 Euro und einer Uhr im Wert von 80,00 Euro; Diese hatte ich mir mal zum Geburtstag ausgesucht, habe dieses Geschenk in Ehren gehalten und häufig getragen sodass die Reparaturkosten im Laufe der Zeit bereits den Anschaffungswert überstiegen). Als Dankeschön habe ich unseren Lebensunterhalt bestritten. Am 12. Februar letzten Jahres hatte er mir Geschenke auf den Küchentisch gelegt und Blumen hingestellt und das wie folgt kommentiert: „... und wenn du denkst, du bekommst nichts ... ich habe dir da was hingelegt." Dann ist er losgefahren, um mit seiner „Lady" den Valentinstag in München zu verbringen. Ich stand wie angewurzelt da. Was hatte er denn seiner von ihm getrennt lebenden Ehefrau zukommen lassen?!

Einen Blumenstrauß, in dem ein rotes Herz steckte. Das Perlencollier, das ich gerade angelegt habe, belgische Schokolade, wo ich doch seiner Meinung nach die Zeit, die er mit einer deutlich Jüngeren zusammen ist, dazu nutzen solle, um 20 Kilo abzunehmen, und eine Rolex ...

Die Schokolade habe ich gegessen, die Rolex wollte er zurück, zusammen mit meinem Ehering, den er schließlich bezahlt hatte, die Perlen durfte ich großzügigerweise behalten. Ich habe sie auch nur genommen, um ihn zu schädigen. Und heute trage ich sie das erste Mal.

Eigentlich gebe ich ein passables Bild ab, wenn man bedenkt, dass ich zu den Seniorinnen gehöre. Ein Selfie schadet nicht, dieses Bild kann man ja festhalten. Und wenn ich schon mal vernünftig aussehe, kann ich es auch an Hartmut schicken. So, und los geht's.

[15.4., 20:20] Hartmut: 😍

[15.4., 22:16] Sybille: Bin wieder zu Hause, war nicht viel los, vielleicht hätte ich auch später fahren sollen, um mich ins Nachtleben zu stürzen. Trinke noch ein Glas Wein und gehe dann ins Bett ... Du Herzchen 😉 😄

[15.4., 22:49] Sybille: Schlaf gut 😴 und träum was Schönes 😘

Es ist Sonntagmorgen. Ich fühle mich munter und ausgeruht. Wider Erwarten ist es gestern für mich ja auch nicht spät geworden. Von Hartmut werde ich bestimmt erst mal nichts hören. Ich kann ihm ja nachher ein Cartoon schicken, damit er was zu schmunzeln hat.

„Ich schwöre, ich wollte heut putzen!
Aber auf dem Weg ins Badezimmer
wurde ich geblitzt,
und jetzt ist der Lappen weg …"

[16.4., 13:38] Hartmut: 🤣

[16.4., 13:38] Hartmut: 🙁

schickt mir ein Bild von sieben perfekt gebügelten Hemden, die er in Reih und Glied an den Sprossen des Treppengeländers aufgehängt hat. Alle in Grau gehalten, aber jedes anders, was Farbton und Muster angeht. Sein Stil eben.

[16.4., 13:40] Sybille: Dein Wäschetrockner? 🤣

[16.4., 14:58] Hartmut: Frisch gebügelt!

[16.4., 15:45] Sybille: Hatte ich doch schon gesehen, war Spaß! 🤣🤣🤣Also gut bügeln kannst du auch. 👍

[16.4., 15:58] Sybille: Aber als Kleiderschrank auch recht praktisch ... Morgens im Vorbeigehen ins Hemd schlüpfen, das spart viel Zeit ... 🤣 👍

[16.4., 18:49] Sybille: Na, alles geschafft am Wochenende?

[16.4., 19:43] Hartmut: Jupp

[16.4., 20:58] Sybille: Gehe jetzt bald ins Bett, muss ja morgen wieder arbeiten. Wollte dir eine gute Nacht und süße Träume wünschen. 😘 🫠

[16.4., 21:37] Hartmut: Schlaf schön! Ich bin auch bettfein. ☺

Es beginnt eine neue Woche. Das heißt für mich, die Arbeit ruft. Das heißt aber auch, ich könnte vielleicht, eventuell oder auch nicht eine inzwischen vertraute Männerstimme am Telefon hören.

[17.4., 06:03] Sybille: Guten Morgen, lieber Hartmut. Heute hat mich mein Wecker geweckt ... der hat nicht so eine schöne Stimme wie du. ☺

Zwei Minuten später klingelt es auch schon:

Hartmut: *Guten Morgen, ich wollte dich nicht wecken, wusste nicht, ob du noch Urlaub hast.*

Sybille: *Nein, alles gut. Ich war nur eine Woche zu Hause. Heute geht es wieder los. Und du hast alles geschafft am Wochenende?*

Hartmut: *Ja, im Großen und Ganzen schon. Alles wieder in Ordnung gebracht, Essen ist so weit vorbereitet und am Donnerstag geht es ja schon wieder los.*

Sybille: *Da hast du ja bestimmt noch einiges in der Firma zu klären, damit der Chef sich zwei Wochen entfernen kann.*

Hartmut: *Na, hör bloß auf. Ich habe einen Heidenärger mit meinem Dienstleister. Die bekommen richtig viel Geld dafür, dass sie Buchungen und Abrechnungen, zum Beispiel auch die pünktlichen Lohnzahlungen bearbeiten und veranlassen. Habe gerade festgestellt, dass da schon wieder mal was nicht geklappt hat. Das muss ich klären. Das geht gar nicht. Dann bekommen sie meine Aufträge nicht mehr.*

Sybille: *Ja, kläre das. Die Finanzen in einer Firma sind wichtig, vor allem wenn es auch um die Finanzen der Mitarbeiter geht. Da darf es keine Fehler geben. Du wirst das schon machen.*
Waren deine Mädchen am Wochenende da?

Hartmut: *Ja, aber nur zum Kaffee. Die sehe ich ja dann auch erst mal eine Weile nicht.*

Sybille: *Da sagst du was Wahres.*

Hartmut: *So, ich muss jetzt. Melde mich heute noch mal.*

Drei Stunden später schickt Hartmut mir ein Cartoon, der mich wirklich zum Lachen bringt.

[17.4., 09:32] Sybille: Bist gut drauf, dann hast du sicher alles klären können!! 👍

Ich poste ihm meine heutige Uhrenvariante: eine STAMPS-Uhr mit Erdbeermotiv. Mein Kommentar:

[17.4., 11:09] Sybille: Habe die „Erdbeer-Zeit" eingeläutet 🤣

[17.4., 11:11] Hartmut: Ach, du ahnst es nicht! 😮

[17.4., 11:11] Sybille: Ist doch mein Tick, ich habe ganz viele.

[17.4., 11:11] Sybille: ... Uhren, nicht Ticks

[17.4., 11:12] Hartmut: So bieder bin ich ⌚ 😝

Er zeigt mir sein linkes Handgelenk, an dem eine schwarze Herrenarmbanduhr an einem Metallic-Armband zu sehen ist.

[17.4., 11:12] Sybille: Ich stehe auf seriöse Herren. 🤣🤣🤣

Hartmut: *Du meine Güte, was trägst du denn für Uhren?*

Sybille: *Ich habe für viele Situationen die passende Uhr, dazu drei Armbänder und man muss sie immer nur austauschen. Im Moment elf verschiedene Motive.*

Hartmut: *Was hast du denn sonst noch für Ticks?*

Sybille: *Na, ich sammle auch Käsemarken, das sind die Bildchen auf dem Schmelzkäse. Habe schon als Kind damit angefangen. Meine ältere Schwester hat, wie alle, Briefmarken gesammelt. Ich wollte auch was sammeln und hatte mit Streichholzschachteln angefangen. Nach mühevoller Kleinarbeit hatte ich fünf Motive zusammen. Ich glaube, mehr gab es auch nicht bei den Riesaer Zündwaren. Dann bin ich irgendwie auf die Käsemarken gekommen.*
Ach, und ja. Ich sammle Hutschenreuther Porzellanglocken.

Hartmut: *Was ist das denn?*

Sybille: *Na, da gibt es jedes Jahr ein neues Weihnachtsmotiv und ich schmücke damit meinen Weihnachtsbaum. Ich schicke dir nachher mal Bilder. Sammelst du denn gar nichts?*

Hartmut: *Doch, ich sammle Kaminuhren. Da habe ich auch ein paar interessante Stücke. Eine alte Standuhr habe ich auch letztens gekauft, muss ich noch abholen. Die steht irgendwo in Thüringen.*
Muss hier noch mal kurz anhalten … Melde mich gleich wieder.

Ich poste in der Zwischenzeit Bilder von meinen Uhren, Käsemarken und meinem geschmückten Weihnachtsbaum vom letzten Jahr.

[17.4., 15:49] Sybille: Das ist meine Uhrensammlung, im Moment trage ich Erdbeere 🙂

[17.4., 15:50] Sybille: Diese Käsemarken muss ich noch einsortieren, meine Alben sind noch in einer Kiste vom Umzug. 😄

[17.4., 15:53] Sybille: Hutschenreuther Porzellanglocken ... Da gibt es auch Stiefel, Sterne, Kugeln ... und jedes Jahr ein neues Motiv. 😂😂😂

Hartmut: *Bin wieder da. Musste noch was besorgen.*

Sybille: *Das ist schön … ich meine, dass du wieder da bist! Und du fährst am Donnerstag los?*

Hartmut: *Ja, ich habe für Donnerstag die Fähre gebucht, muss also Mittwoch in der Nacht losfahren. Das ist immer ganz schön anstrengend. Wenig Schlaf in der Nacht, dann die Fahrt bis zur Fähre, und wenn ich drüben angekommen bin, fahre ich auch noch mal sechs Stunden bis zu meinem Haus. Und wenn ich Pech habe, kann ich Mittwochabend nicht einschlafen. Hast du da einen Tipp für mich?*

Sybille: *Ja, mehrere. Man könnte dafür sorgen, dass du müde und geschafft bist. Dann müsste ich kommen und dir dabei helfen. Am besten komme ich schon einen Tag vorher, damit du dann wirklich erledigt bist, haha.*

Hartmut: *Bist du verrückt? Ich bin fast Rentner, hihi.*

Sybille: *Gut, dann gibt es noch Medikamente oder verschiedene Tees mit Lavendel, Johanniskraut und so weiter. Im Moment stehen Melatonin-Produkte hoch im Kurs. Da gibt es auch solche Fruchtgummis. Die gibt es in jeder Apotheke. Ich schreibe dir nachher, wie die heißen, komme gerade nicht drauf.*

Hartmut: *Und bei dir ist alles in Ordnung?*

Sybille: *Im Prinzip schon. Im Moment ärgert mich mein Noch-Ehemann wieder. Er klagt auf Trennungsunterhalt, weil er ja so arm dran ist.*

Hartmut: *Na, ist er denn so arm?*

Sybille: *Nein, er hat nur mitbekommen, dass das Leben teuer ist, seit seine melkende Kuh weg ist. Er hat sein Erbe mit vollen Händen ausgegeben und ich habe den Lebensunterhalt bestritten.*
Alles, was wir brauchten, habe ich gekauft, einschließlich Kleidung, neue Möbel und Einrichtung – und Miete habe ich ihm auch noch bezahlt. Dafür durfte ich mich um Haushalt, Wäsche, Essen, Kinder und Enkel, Garten und so weiter kümmern, habe ihm sein Biogemüse angebaut, Rasen gemäht, Garagen aufgeräumt, renoviert und noch mehr. Und mein Vollzeitjob hat uns ernährt und uns einen gewissen Luxus ermöglicht. Tja, und als Dankeschön hat er mich betrogen und mir das Leben schwer gemacht.

Hartmut: *Wieso hast du dich denn so ausbeuten lassen?*

Sybille: *Das habe ich nicht so empfunden. Ich sagte dir ja schon einmal: Wer einen Platz in meinem Herzen hat, wird es immer gut bei mir und mit mir haben.*

Hartmut: *Wann wollten wir heiraten? Hihi.*

Sybille: *Brauchen wir nicht. Wir sind doch beide verheiratet, nur nicht miteinander …*

Hartmut: *Na gut, lass dich nicht unterkriegen. Du bist doch eine Kämpfernatur.*

[17.4., 17:40] Sybille: ZzzQuil hat mir immer ganz gut geholfen beim Einschlafen 🥱

[17.4., 22:19] Sybille: Gute Nacht, bin „bettfein", heißt, habe fein mein Bett gemacht. 🌜🐑🐑🐑🐑🐑🐑 Schlaf schön. Einschlafhilfe 😉

[18.4., 07:50] Sybille: Guten Morgen, ich wünsche dir einen wunderschönen Tag ... 🌞 Kommt noch 🙂

[18.4., 15:06] Sybille: Feierabend!!!

[18.4., 16:49] Hartmut: Noch im Stress ...

[18.4., 16:50] Sybille: Du Armer 😏😏

Hartmut hat sich zwei Tage nicht gemeldet, da liegt was im Argen ... Bin traurig, ist aber nicht zu ändern.

[19.4., 20:18] Sybille: ???

Ich habe jetzt drei Fragezeichen an Hartmut geschickt. Wenn er mich noch irgendwie bei Laune halten will, wird er sich ja melden. Am Montag hat er bestimmt auch nur dreimal angerufen, weil er seine Felle hat davonschwimmen sehen. Ich hatte ihm das Bild geschickt, wo ich ausgehfertig war, mit der Bemerkung: „Mal gucken, wie mein Marktwert ist ...“, habe nach drei Stunden geschrieben, dass ich wieder zu Hause war, weil nix los war, plötzlich war ich wieder interessant und ich habe viele Whatsapp-Nachrichten bekommen. Ich mach mich jetzt rar, vielleicht wird er ja dann mal munter.
Die ??? hat Hartmut heute Nacht geöffnet, vielleicht dachte er, dass da noch was anderes steht. 🤔

Keine Reaktion ... Vielleicht meldet er sich ja gar nicht mehr. Tut ein bisschen weh, weil ich das Gefühl habe, dass er der perfekte Mann für mich sein könnte ...

Hartmut ist jetzt in Skandinavien angekommen. So konnte ich das aus seinem Whatsapp-Status erkennen. Er hat dort einige Bilder reingestellt.

[20.4., 22:08] Sybille: Schön, dass du gut angekommen bist … Auch wenn du nicht mehr mit mir redest, freue ich mich für dich.

[20.4., 23:17] Hartmut: Ich werde … Hatte wirklich bis zuletzt richtig Stress 🙁

[21.4., 17:22] Hartmut: Liebe Grüße aus dem Süden … Video… 🤣🤣👍

[21.4., 17:53] Sybille: Liebe Bettina, ich drehe durch 🙃🙃🙃 Jetzt schickt er mir ein Video von sich, aufgenommen mit seiner Terrassen-Kamera, winkt mir zu, live in voller Statur, und schreibt: Liebe Grüße aus dem Süden … Aus der Ferne hat er eine ganz schön große Klappe, macht mich verrückt, um dann wieder einen Rückzieher zu machen, wenn es ernst wird. 🥺🥺🥺 Das Video von Hartmut macht mich wirklich fertig. Er sieht genau so aus, wie ich ihn mir vorgestellt habe und wie ich einen Mann mag.

[23.4., 12:08] Sybille: Naaaa, du … Hast du deinen Stress inzwischen etwas abschütteln können? Würde mich freuen, wenn du dann auch mal wieder mit mir reden/schreiben möchtest. 🙂🙂🙂 Bis dahin schaue ich mir das Video an, in dem du mir zuwinkst, und werde verrückt hier, weil du genau so aussiehst, wie ich mir einen Mann wünsche … 😥😙🙂

[23.4., 13:46] Hartmut: Vor allem mit den Socken … 🤣🤣🤣

[23.4., 13:47] Sybille: Na, chic …

[23.4., 14:59] Sybille: Besser, als wenn du kalte Füße bekommst …

[23.4., 18:20] **Sybille:** Tagwerk getan, Garten ist fertig ... Und morgen wieder arbeiten ☺

mit Bild …

[23.4., 20:02] **Hartmut:** Schaut gut aus. 👍 Ich bring evtl. morgen das Boot ins Wasser. Heute Antifouling und Motor aus dem Winterschlaf geholt. Streichen im Liegen über Kopf ... bin keine 63, eher 83 🤣

[23.4., 20:03] **Sybille:** Da bist du aber auch fleißig 🤣

[23.4., 20:06] **Sybille:** Bekomme ich ein Bild, bitte 🙏🙏🙏 vom Kapitän Hartmut?

[23.4., 20:54] **Sybille:** Dann sieh mal zu, dass du irgendwo einen Jungbrunnen findest ... 83 ist mir dann doch etwas zu alt. 🤣🤣🤣

[24.4., 13:09] **Sybille:** So, liebe Bettina, jetzt wird es kompliziert: Peter ist wieder da! Wir hatten ja schon lange keinen Kontakt mehr. Gestern Abend zum Beispiel ... Telefonieren mit Peter ... Hartmut schreibt mir auch wieder und macht meine Whatsapps auf, dann meldet sich auch noch meine Tochter ... und das alles, während ich telefoniere ... Anstrengend und man muss so aufpassen, wem man was antwortet.

[24.4., 13:11] **Bettina:** Ist das der Peter aus Leipzig, mit dem du früher um die Häuser gezogen bist?

[24.4., 13:14] **Sybille:** Ich rufe dich gleich mal an.

Sybille: *Genau der Peter … Ich hatte ihn doch damals durch einen Kollegen kennengelernt, als wir einmal Tagung in Leipzig hatten. Wir waren abends noch mit ein paar Leuten* *losgezogen, um uns einen schönen Abend zu machen, und sind dann im „Barfußgässchen" gelandet. Dort hatten wir uns draußen hingesetzt und Cocktails geschlürft. Peter ist der Freund von meinem Kollegen Robert, den er dort getroffen hatte. Irgendwie sind wir in einem lockeren Kontakt geblieben, mit Grüßen hin und her über Robert, mal telefoniert, aber sonst nichts. Mein Mann hat mir deshalb etliche Szenen gemacht und ich hatte den Kontakt abgebrochen. Das war es nicht wert.*

Bettina: *Na, typisch dein Mann. Er war immer so eifersüchtig, hat dich fast schon kontrolliert, und selber … Und was sagt Peter so?*

Sybille: *Mein Kollege Robert muss ihm wohl erzählt haben, dass ich wieder solo bin, und prompt hat er meine Telefonnummer rausgekramt und angerufen. Ich wusste im ersten Moment gar nicht, wer dran ist. Am Ende haben wir uns verabredet. Ich fahre morgen doch für zwei Tage zur Tagung, und wie es der Zufall will, wieder nach Leipzig. Da können wir abends ein Gläschen trinken und „schwatzen", wie die Sachsen zu sagen pflegen.*

Bettina: *Das ist sicher eine willkommene Abwechslung zu deiner anstrengenden Nichtbeziehung mit Hartmut.*

Sybille: *Hartmut hat mir gerade eine Nachricht geschickt …*

Bettina: *Na, dann schau erst mal, was da für Neuigkeiten aus Skandinavien kommen. Wir hören wieder voneinander.*

Kapitel 14
Jetzt auch noch Peter …

Hartmut schickt mir ein Bild von seinem Boot. Es ist ein offenes Motorboot, das bestens zum Angeln geeignet ist und nun am Steg liegt.

[24.4., 13:21] Hartmut: Im Wasser ☺

[24.4., 13:27] Sybille: Hat alles problemlos geklappt? Hast du das ganz allein hinbekommen? Kannst mir gerne erzählen, wenn du magst, interessiert mich … ☺

[24.4., 14:00] Hartmut: Ganz allein geht das hier nicht. Knut hat geholfen.

[24.4., 14:00] Hartmut: Darauf ein Bier

[24.4., 14:01] Sybille: Dann ist ja gut … Zum Wohl! 👍

Und wieder, ich weiß nicht zum wievielten Mal, schaue ich mir das Video mit dem winkenden Hartmut an.

[24.4., 19:34] Sybille: Schön, dass du mir gerade wieder zugewunken hast ☺☺☺

[24.4., 23:17] Hartmut: Schlaf schön ☺

[25.4., 07:17] Sybille: Lieber Hartmut, zu deinem Geburtstag wünsche ich dir alles, alles Liebe, und das von ganzem Herzen. Hab einen schönen Tag. LG Sybille

[25.4., 08:00] Hartmut: Gaaaanz lieben Dank!

[25.4., 12:11] Sybille: Mach's erst einmal gut ... Bin auf Tagung und bis Donnerstag am Tage schlecht erreichbar ... 🙂🙃 Ich mache zwischendurch immer mal wieder mein Handy an, um zu schauen, ob du vielleicht an mich gedacht hast ... 🙂 LG

[25.4., 14:14] Hartmut: Hey 🙂 hier ist's heute stürmisch, 😮 also ein Schlaftag ... und Angelzeug fertig machen

[25.4., 14:32] Sybille: Dann schlaf schön, muss weiter ... 🙂👍

[25.4., 14:46] Hartmut: Frisch ...

und schickt mir ein Bild von einem weniger einladenden Aprilwettertag an der Küste.

Das ist nun sein Geburtstag? Er sitzt allein, besser gesagt mit seinem Hund, in seinem Haus und beobachtet das Wetter. Ich finde das irgendwie traurig. Ich möchte meinen Geburtstag nicht allein verbringen, gehe zum Essen aus und spätestens am Wochenende wird gefeiert. Meine Kinder und Enkel wissen, dass dies eine jährliche Pflichtveranstaltung bei mir ist, und erscheinen auch alle. Ausnahmen müssen vorher genehmigt werden.

[25.4., 17:16] Sybille: Hier ist es jetzt auch frisch, liebe aber im Hotelbett, da geht es, noch ein Nickerchen und 18.30 geht die Party los. 😄🙃😄

[25.4., 17:17] Sybille: Mist!!! 😉🤣 🙃 „liege" muss das heißen. 🙈 Wie war das mit der Autokorrektur??? 🤣

[25.4., 17:58] Hartmut: 🤣🤣🤣 denk dran ... nicht mit Kollegen 😉

[25.4., 18:01] Sybille: Nie, das bringt nur Ärger, sind auch alle nicht mein Typ und vieeeel zu jung, ich bin ja hier fast die Älteste. 🤣

Am Abend taucht dann auch Peter auf. So hatte ich ihn gar nicht in Erinnerung. Er hat aber immer noch das liebe, ehrliche Gesicht, die Haare sind etwas dünner geworden und er wirkt um einiges älter. Er ist ja auch inzwischen 65 Jahre alt.

Es wird ein lustiger Abend mit viel Wein und angeregten Unterhaltungen und wir stellen fest, dass wir eigentlich auch einmal gemeinsam etwas unternehmen könnten. Er fährt genauso gerne Fahrrad wie ich und hat sich inzwischen ein Dachzelt zugelegt. Das finde ich ja interessant. Ich habe das schon des Öfteren gesehen und mich immer gefragt, wie es wohl wäre, auf dem Autodach zu übernachten. Kommt man da einfach so hoch? Kann man da runterfallen? Wie wackelig ist die ganze Angelegenheit? Ich wollte das schon immer mal ausprobieren. Also beschließen wir, uns zu einem Camping-Wochenende zu verabreden.
Peter schlägt vor, eines der nahenden langen Wochenenden zu nutzen, er würde sich um alles kümmern und ich bräuchte nur hinzukommen und mein Fahrrad mitzubringen. Ich möchte natürlich auch meinen Beitrag leisten und würde dann für die Verpflegung sorgen. Das kommende Wochenende wird um den Feiertag verlängert oder Männertag oder Pfingsten?

Wenn, dann wäre gleich jetzt ideal: langes Wochenende, ich habe noch nichts vor, Peter auch nicht und mit warmen Sachen werden wir das auch im Zelt aushalten. Danach ist Hartmut wieder da und ich hoffe immer noch, dass er dann für mich ein bisschen Zeit haben wird.

Der Plan steht und ich werde das nächste Wochenende wohl mit Peter verbringen, es sei denn, der da in Skandinavien überlegt es sich, vergeht vor Sehnsucht und ruft mich jetzt jeden Tag drei- bis zehnmal an …

[26.4., 06:27] Sybille: Viel getanzt, noch mehr Wein … Aua … Kopfweh 🤑

[26.4., 13:16] Sybille: So, Mittagspause … heute Abend wird es definitiv nicht so spät. 😉🙃 Und … heute Bootstour?

[27.4., 11:14] Hartmut: Video… Ich bekomme einen Wetterbericht aus Skandinavien. Hartmut filmt seine Terrasse, auf der es in Strömen regnet. Und … ich höre seine Stimme, auch wenn er nur „ Shittwetter" sagt.

[27.4., 11:23] Sybille: Na dann, schönen Urlaub! 😏🙂

[27.4., 11:28] Sybille: Wenn du magst, können wir ja heute mal telefonieren … 🙂 Ab 17.00 Uhr bin ich wieder zu Hause und erreichbar, vielleicht kann ich dir ein Lächeln ins Gesicht zaubern. 😉

Auch ich zeige, dass ich ein Video aufnehmen kann. Ich filme meinen Garten bei herrlichem Sonnenschein, und wenn er möchte, darf er jetzt auch mal wieder meine Stimme hören.

[27.4., 16:50] Sybille: Ich will dich ja nicht neidisch machen, 🤨 aber bei mir scheint die Sonne, dafür muss ich arbeiten. 🌞

28.4. Heute war Olaf da und hat mir meine restlichen Sachen gebracht, die noch bei ihm waren. Wir haben über eine Stunde gequatscht und er ist richtig aufgeblüht, war ein schöner Nachmittag. Ich hatte gerade Kuchen gebacken, war noch warm und lecker … Olaf war auch nicht mehr so verbittert und er hat mir wieder richtig gefallen, war sehr liebenswert. 😄

Meine Vorbereitungen für meinen Ausflug mit Peter sind auch soweit abgeschlossen: Bienenstich, Kartoffelsalat, Bouletten, Getränke, Fahrrad, alles da und Olaf hat mir heute meinen bequemen Angelstuhl gebracht, der noch bei ihm stand.
Morgen früh fahre ich los und werde mir zwei Nächte den Allerwertesten abfrieren im Zelt-auf-Auto, aber ich freue mich auf die Ausflüge.

Hartmut meldet sich maximal einmal am Tag. Ich werde mich jetzt mal rarmachen, vielleicht ist er dann wieder besser drauf. Mein Herz schlägt eindeutig für Hartmut. Vielleicht wird dann doch alles noch gut, er hat ja geschrieben „nicht mit der Brechstange“ und „wird werden“; ein bisschen Zeit ist ja noch, wenn es um etwas Endgültiges für die Zukunft geht. Tut weh, werde es aber irgendwie schaffen zu warten … Bis dahin werde ich Spaß mit Peter haben …

[28.4., 21:23] Sybille: Gute Nacht und schlaf schön! 🌜 🫠 😗

[29.4., 10:38] Sybille: Radfahrsaison eröffnet ... Langes Wochenende und zu Hause alleine rumsitzen, da werde ich verrückt ... also muss ich raus! 😙

Dazu schicke ich ein Foto von meinem startklaren Auto mit aufgeladenem Fahrrad.

[29.4., 16:03] Sybille: Einmal um den Senftenberger See geradelt (heute habe ich „ Shittwetter“), trotzdem 45 km geschafft ☺

[29.4., 19:01] Hartmut: Respekt! 👍 Hier ist auch Mistwetter. Bist aber weit gefahren, um weit zu fahren 🤣 ! Bin gleich zum Essen eingeladen bei Anna und Knut, gibt hoffentlich keinen Salzhering …

[29.4., 19:07] Sybille: Bin doch bis Montag hier … Morgen soll hier gutes Wetter sein, da werde ich noch ein paar Seen abklappern … Ist schön hier, die Natur „platzt" gerade aus allen Nähten. 🙂🙂🙂 Salzhering magst du wohl nicht? 🙁

Aber darauf kam keine Antwort mehr. Da wird er wohl seine Worte für zwei Tage aufgebraucht haben.

[30.4., 12:37] Sybille: Endlich Mittagspause nach 35 km!

[30.4., 12:39] Sybille: Hast du deiner Frau noch einen Besen hingestellt? 🤣 Heute ist Walpurgisnacht!!! Ich werde heute Abend auch meine roten Haare unter einer Mütze verstecken. Nicht, dass der Teufel kommt und mich zu seinem Weibe erwählt! 😚🤣

[30.4., 14:45] Hartmut: 🤣🤣🤣 Wir sind beim Angeln

[30.4., 17:07] Sybille: Das waren heute 66 km mit dem Radl … Heute Nacht schlafe ich auf dem Bauch. 😟😉

[30.4., 18:56] Hartmut: 🤣🤣🤣

[1.5., 09:24] Sybille: Ich wünsche dir heute ein gelungenes Geburtstagsessen mit deinen Freunden. 🙂

[1.5., 12:33] Hartmut: Das findet nun doch erst morgen statt. Meine Nachbarn aus Hamburg kommen erst heute 20 Uhr hier an.

[1.5., 13:05] Sybille: Habe ich verwechselt, ist so, wenn du kaum mit mir redest. 😏

Das war ein sehr schönes Wochenende mit Radtouren (gestern 66 km … ich habe dann auf dem Bauch geschlafen 🙂

Sonne genießen, abends bei einer Flasche Wein Karten spielen und erzählen … Peter hatte alles perfekt vorbereitet. Er hatte sogar eine Heizdecke dabei, damit ich nachts nicht erfriere. Er ist ein wirklich lieber Kerl. Wir haben viel unternommen, hatten Spaß und haben uns im Zelt auch mal aneinandergekuschelt. Bei alldem habe ich aber immer an Hartmut denken müssen. Ich werde mich trotzdem auch weiterhin mit Peter treffen, um das eine oder andere zu unternehmen. Vielleicht entwickelt sich daraus etwas, was ich mir jetzt noch nicht vorstellen kann.

Die Lausitz ist wirklich wunderschön geworden. Es erinnert kaum noch etwas daran, dass hier überall Braunkohle im Tagebau abgebaut wurde. Stattdessen ist es jetzt eine seenreiche Landschaft, die einlädt, Urlaub zu machen und sich zu erholen.
Ich werde sicher noch einmal hierher zurückkommen.

Ich bekomme Nachrichten von Hartmut. Damit hatte ich schon gar nicht mehr gerechnet. Er postet mir Bilder von der Innenkabine eines Fährschiffes und ein Selfie. Er schickt mir ein Bild von sich. Warum? Denkt er, ich hätte ihn vergessen?
Ich mag dieses Bild von dem Nordmann Hartmut: der ergraute Bart, die klaren blauen Augen und die Wollmütze, die ihn wie einen Fischer aussehen lässt, ein leichtes Lächeln um die Mundwinkel und wieder diese tiefen Stressfalten auf der Stirn.

[2.5., 11:36] Hartmut: Eine Fähre für mich allein 😉 noch etwas eingekauft für heute

[2.5., 12:57] Sybille: Alles nach Plan in deiner Küche ? Die Mütze steht dir, siehst aus wie ein Seemann 🙂 Habe heute Home-Office, muss Vortrag ausarbeiten usw. 😉🙂

[2.5., 15:41] Hartmut: Alles im Plan 👍

Die angehängten Bilder zeigen einen geschmackvoll eingedeckten Tisch ohne viel Schnickschnack, aber mit Blümchen, den frisch geschälten Spargel und Töpfe auf dem Herd. Er scheint alles im Griff zu haben.

[2.5., 21:44] Sybille: Ich wünsche dir einen wunderschönen Abend 🙂

Die Nachrichten von Hartmut kommen sehr spärlich. Am Wochenende kommt er ja wieder nach Hause. Mal sehen, ob sein Stress es ihm erlaubt, sich bei mir zu melden … Ich warte irgendwie immer noch. Bis dahin: Am Samstag kommt Peter zu mir, wir wollen ins Kino und die Sonne genießen. Er drängelt und plant ganz schön viel und ich muss ihn jedes Mal zügeln. Genauso wird es Hartmut mit mir gehen, nur mit dem Unterschied, dass ich weiß, dass es mit Peter nichts Festes und Längeres werden kann. Er ist und bleibt nur ein Freund und das hatten wir auch geklärt. Solange dümple ich vor mich hin, warte, bis sich mit Hartmut etwas entscheidet, und versuche irgendwie die Zeit zu genießen … Alle zwei Tage schickt er mir eine Nachricht, um mich bei Laune zu halten, und das war's.

[4.5., 13:08] Sybille: Schöner Dorsch ... Gratulation, du Petri-Jünger 👍🙂

In seinem Status hatte sich der stolze Hartmut mit seinem Fang präsentiert und ich hatte ihm geantwortet.

Er mir nicht.

Kapitel 15

Ist das das Ende?

Seit Tagen hat sich Hartmut nicht mehr bei mir gemeldet. Hin und wieder hat er etwas in den Status gestellt. Am Donnerstag habe ich noch auf seinen geposteten Dorsch-Fang geantwortet, er hat die Nachricht geöffnet, aber es kam keine Reaktion … Er sollte inzwischen zu Hause sein … Das vermute ich, weil gestern in seinem Status Bilder von der Fähre zu sehen waren …

[7.5., 12:37] Sybille: Liebe Bettina, ich habe jetzt noch einmal in die Trickkiste gegriffen, was ich sowieso geplant hatte: Den schönsten Sonnenuntergang, den mir Hartmut geschickt hatte und der auch mein Favorit ist, habe ich gemalt, 50 × 40 Acryl auf Leinwand, und eine Leinwand mit diesem Motiv habe ich bedrucken lassen: 75 × 40. Das ist mein Geburtstagsgeschenk an Hartmut. Mein gemaltes Bild ist nicht rechtzeitig fertig geworden ... Es sind noch ein paar Feinheiten zu bearbeiten. Dafür brauche ich noch ein wenig Zeit. Ich schicke dir aber schon einmal ein Foto von meinem unvollendeten „Kunstwerk". Deshalb habe ich die bedruckte Leinwand eingepackt, gestern zur Post geschafft und an seine Firmenadresse geschickt. Wenn er morgen auf Arbeit erscheint, wird er das an ihn persönlich adressierte Paket bekommen. Da steckt natürlich auch ein Brief von mir drin:

Mein lieber Hartmut!
Dein Geburtstagsgeschenk konnte ich dir ja leider nicht persönlich überreichen, deshalb bekommst du es jetzt erst.
Dieser Sonnenuntergang hatte mich fasziniert. Mein gemaltes Bild ist leider noch nicht fertig geworden.

Deshalb musst du erst einmal mit einem Druck vorliebnehmen. Den „echten Pastaw in Acryl“ reiche ich dir gerne irgendwann nach.
Sehr gerne würde ich solche Sonnenuntergänge und andere Wunder der Natur mit dir gemeinsam genießen.
Leider sehe ich das noch nicht, da du offensichtlich das Interesse an mir verloren hast. Vielleicht höre ich ja noch mal von dir.
Alles Liebe wünscht dir
Sybille

Darauf wird sicher eine Reaktion kommen und dann müssen wir ein ernstes Wort reden … Länger lasse ich mich nicht mehr verarschen, langsam muss ich auch mal planen, was ich an den langen Wochenenden und im Urlaub mache, und vor allen Dingen, wann und mit wem …

Peter hatte mich ja auch schon gefragt, ob ich mit in seinen Urlaub kommen möchte: Camping, Rad fahren, Kanu fahren im Baltikum …

Ich werde einfach mal abwarten. Vielleicht meldet sich Hartmut ja noch …

[7.5.,17:37] Bettina: Hallo, Sybille, das klingt ja im Moment alles nicht so toll. Aber das Bild ist richtig super geworden. Ich wusste gar nicht, dass du so was kannst. Wann hast du das gemalt? Das muss ja ewig dauern. Ich hoffe nur, Hartmut weiß auch zu schätzen, was du für ihn tust. Aber so warst du ja schon immer: Du gibst und gibst und gibst und vergisst am Ende immer zu nehmen. Deine Idee finde ich trotzdem super!

[7.5., 12:37] Sybille: Nun ja, mit dem Bild hatte ich schon vor ein paar Wochen angefangen, dann war der Entwurf auf der Leinwand und ich hatte einfach keine Lust zu malen und dann wird das auch nichts. Das Motiv hatte ich ja schon lange im Kopf … das Sonnenuntergangsfoto mit dem Fischkutter … Dann dachte ich mir: Lass doch einfach eine Leinwand drucken, die wird noch rechtzeitig fertig, sodass Hartmut seine Geburtstagsüberraschung bekommt, wenn er wieder zurück ist. Vor einer Woche hatte es mich dann gepackt und ich konnte mit dem Malen nicht mehr aufhören. Ich habe mich jeden Tag auf den Feierabend gefreut, damit ich wieder meine Acrylfarben auf die Leinwand zaubern kann. Und nun ist es fast fertig.

[8.5., 19:03] Sybille: Hallo, liebe Bettina, habe seit einer Woche nichts von Hartmut gehört. Jetzt bin ich richtig traurig. 😢 Ich glaube, das war es. Vielleicht hat er das Bild heute bekommen, vielleicht kommt es erst morgen an … Vielleicht ist er richtig sauer, weil ich ihm einfach was in die Firma schicke und in sein Leben eindringe, wo er mich doch immer so kunstvoll rausgehalten hat, oder er freut sich und meldet sich nach dem ersten Stresstag auf Arbeit irgendwann. Alles irgendwie komisch und es tut weh. Bis morgen Abend warte ich noch auf ein Zeichen, ansonsten schreibe ich ihm dann … weiß bloß noch nicht, was …

[8.5., 19:45] Bettina: Ihr müsst unbedingt mal in Ruhe miteinander telefonieren. So geht er allem aus dem Weg und du stehst da und weißt … nix. Das tut mir so leid für dich, du reißt dir den A… auf und er? Ganz schön blöd gerade alles …

[8.5., 21:47] Hartmut: ?

[8.5., 21:48] Sybille: Auch ?

[8.5., 21:49] Hartmut: Gute Nacht. Ich bin geschafft.

[8.5., 21:49] Sybille: Gute Nacht dir auch.

Was war das jetzt gerade?!
Ist ihm etwa aufgefallen, dass ich mich nicht mehr melde?

Ich glaube, er versteht nicht, was ich will. Vielleicht ist für ihn alles okay und das könnte immer so weitergehen bis zur Rente. Jetzt werde ich nicht nur traurig, sondern auch sauer … Das Bild scheint angekommen zu sein und mit dem Brief kann er bestimmt nichts anfangen … 🤔

[9.5., 20:47] Sybille: Gute Nacht, heute bin ich erledigt, habe morgen einen richtig anstrengenden Tag ... Große Veranstaltung bis 15.00 Uhr.

[10.5., 16:18] Sybille: Hallo, Hartmut, nach über 3 Wochen wäre auch mal wieder ein Anruf fällig. Mich würde sehr interessieren, ob bei deinem ganzen Stress in deinen Plänen für wann auch immer ich noch in irgendeiner Form vorgesehen bin. Wenn nicht, kannst du mir das auch mitteilen. Das würde mir zwar sehr wehtun, aber ich würde dann nicht mehr auf irgendwann und irgendwas warten und vielleicht eigene Pläne schmieden. Möglicherweise finde ich dann auch noch jemanden, der z. B. mit mir meinen Urlaub verbringt, den ich bisher noch immer nicht geplant habe, weil ich irgendwie immer noch Hoffnung hatte. Wenn „ich" oder „wir" dir nicht in deinen fertigen Plan passen, solltest du das sagen und es nicht aussitzen, bis ich aufgegeben habe und sich alles von alleine regelt und im Sande verläuft. Vielleicht habe ich mich wirklich geirrt. Ich hatte gedacht, du wärest der Mann, den ich immer gesucht habe, aber warum sollte ich dieses Mal Glück haben? Dann muss ich eben wieder auf die Suche gehen und mich wie fast immer mit der 2. oder 3. Wahl zufriedengeben.

PS: Wenn du noch die Frage zu deinem Fragezeichen dazuschreibst (das erste Zeichen nach einer Woche von dir war ein „?" 😉, dann kann ich dir darauf bestimmt auch eine Antwort geben. Tut mir leid, wenn das jetzt alles ein bisschen böse klingt … aber ich bin nicht nur sehr traurig, sondern inzwischen auch etwas enttäuscht. Sag jetzt bitte nicht, ich würde dich unter Druck setzen … Das wäre anders. Da hätte ich schon längst angerufen oder mich ins Auto gesetzt, um zu dir zu fahren. Das geht ja nicht, weil ich akzeptiert hatte, dass wir nur nach deinen Regeln spielen!!!
LG von Sybille

[12.5., 20:25] Sybille: Dein gemaltes Bild ist jetzt fertig. Ich schicke es dir gerne zu. Ich halte, was ich verspreche, und meine auch, was ich sage. LG Sybille Damit du einen Vorgeschmack bekommst, schicke ich dir schon einmal ein Foto davon und eine Aufnahme, wie ich die letzten Arbeiten durchführe, damit du siehst, dass das wirklich von mir ist.

[14.5., 21:28] Sybille: Hallo, Hartmut, jetzt habe ich eine Lösung gefunden …Zum Männertag sind ja meine Kinder bei mir und fahren wieder am Freitag … Ich werde mir Freitagnachmittag das Bild schnappen und nach Genthin fahren. Ich bin dann um ca. 18.00 Uhr auf dem Zeltplatz, auf dem du dich zum Männertag immer mit Freunden triffst. Ich kann dir einmal in die Augen sehen und weiß dann mehr. Von mir aus fahre ich dann auch gleich wieder nach Hause. So mache ich das, oder hast du einen anderen Vorschlag? LG von Sybille

[15.5., 15:36] Hartmut: Hallo Sybille, bei mir hat es sich anders entwickelt, als absehbar war. Das wirst du dir schon gedacht haben, denke ich. Das Leben ist Veränderung. Danke für die guten Gespräche und für das Bild (falls ich es behalten darf), es hängt in meinem Büro. LG Hartmut

Das haut mich jetzt um! Was ist da passiert? Die Leinwand ist auf jeden Fall angekommen und hängt nun in seinem Büro. Das sieht man auf dem Foto, das er mitgeschickt hat. Einmal tief Luft holen und dann antworte ich.

[15.5., 15:41] Sybille: Das ist eine klare Ansage. Vielleicht hast du ja deine große Liebe gefunden. Ich wünsche dir alles Glück dieser Welt, bin nur traurig, dass es nicht mit mir ist. LG Sybille

[15.5., 16:38] Sybille: Natürlich darfst du das Bild behalten und gerne schicke ich dir auch die gemalte Variante. Wenn es bei mir steht, erinnert es mich an dich und macht mich traurig ... So ist es bei dir eine Erinnerung an mich und vielleicht magst du ja meine Tel.-Nr. rauskramen, wenn dein Leben wieder eine Wende macht ... man weiß ja nie. Schade, dass du mir keine Chance gegeben hast. Ich würde schon gerne wissen, was passiert ist und warum du mich so lange hingehalten hast.
Somit war ich dir doch nicht ganz egal bzw. eine Option, die es wert ist, offengehalten zu werden. Es fällt mir schon schwer, das Kapitel in den Ordner „Wieder einmal Pech für Sybille" abzulegen. Ich hätte dir viel geben können, auch in schlechten Zeiten (falls du gerade solche durchmachst). Da muss ich dir erst drohen, dass ich zu dir komme, damit du dich meldest? Wie lange hättest du mich denn noch hingehalten?
Viele Fragen, die du mir bestimmt nicht beantworten wirst??? Und um die jetzt meine Gedanken kreisen ... Ich hätte mir vieles und fast alles mit dir vorstellen können. LG

[15.5., 16:53] Hartmut: Ich wollte nicht zweigleisig fahren oder lügen müssen. Manchmal ist es kompliziert mit dem Kopf ...

[15.5., 16:59] Sybille: ... und mit dem Herzen. Lass mich raten, die Dame heißt Corona, seitdem hast du dich zurückgezogen.

[15.5., 17:03] Hartmut: Nein

[15.5., 17:04] Sybille: Ich würde es gerne wissen ... Würdest du mit mir reden?

Ein paar Minuten später klingelt das Telefon und ich höre die vertraute Stimme, die aber einen sehr ernsten Tonfall hat.

Hartmut: *Hallo, Sybille, ich wollte dich schon lange anrufen, um mit dir zu reden, habe es ehrlich gesagt aber immer aufgeschoben.*

Sybille: *Also muss ich dir erst drohen, zu dir zu kommen, damit du mit mir redest? Was ist passiert? Habe ich dich zu sehr bedrängt, glaubst du, dass es mit uns nun doch nicht passen würde, oder warum hast du dich erneut umgesehen?*

Hartmut: *Ob es passen würde, konnten wir ja bisher nicht herausfinden. Ich finde dich nach wie vor toll und habe deshalb ja auch so lange gewartet, um mit dir zu reden. Es fällt mir wirklich schwer, dir abzusagen, aber der Zufall hat mich auf einen anderen Weg geschickt.*

Sybille: *Wie meinst du das?*

Hartmut: *In der Woche bevor ich in den Urlaub gefahren bin, habe ich bei einem Geschäftsessen jemanden wieder-*

getroffen, die ich Jahre nicht gesehen hatte. Damals war ich noch verheiratet, aber jetzt haben wir festgestellt, dass wir beide auf der Suche sind, und haben beschlossen, es miteinander zu versuchen. Wir wollen es aber ganz langsam angehen lassen.

Sybille: *Na, mit uns hast du es ja auch langsam angehen lassen. In mehr als zwei Monaten haben wir es nicht geschafft, uns wenigstens einmal zu sehen. Da habe ich gegen Frauen, die dir über den Weg laufen, natürlich keine Chance. Auch wenn du es nicht glaubst, aber in natura sehe ich entschieden besser aus. Da hättest du meinen Charme spüren können und meine Augen hätten dir meinen Mut ins Gesicht gestrahlt. So hätte ich dich bestimmt von uns überzeugen können.*

Hartmut: *Das glaube ich gerne. Bist du erkältet? Du schniefst so.*

Sybille: *Nein, bin ich nicht. Ich weiß nicht warum, aber mir kullern gerade ein paar Tränen über das Gesicht. Ich verstehe das nicht. Ich weine einem fremden Mann hinterher, den ich gar nicht kenne …*

Hartmut: *Ach so, ich danke dir nochmals für das schöne Bild. Ich hatte dir doch nur ein paar kleine Fotos per Whatsapp geschickt. Dass daraus so ein schönes, klares Bild in dem Format entsteht, das hätte ich niemals gedacht. Ich bin wirklich begeistert. So ein tolles Geburtstagsgeschenk habe ich noch nie bekommen und dann hast du auch noch eines meiner Lieblingsmotive ausgesucht. Danke dafür. Ich habe es auch gleich in meinem Büro aufgehängt an die Stelle, wo bisher immer ein uraltes, vergilbtes Bild der alten Stadt Potsdam hing. Hat auch genau gepasst.*

Sybille: *Schön, dass ich dir eine Freude machen konnte. Das eigentliche Geschenk steht ja noch hier bei mir. Ich möchte es* *nicht jeden Tag sehen, erinnert mich zu sehr an dich. Wenn, dann male ich meinen eigenen Sonnenuntergang. Darf ich es dir schicken?*

Hartmut: *Das darfst du. Ich freue mich auch darüber. Für mich hat noch niemand ein richtiges Bild gemalt.*

Sybille: *Ich schicke es dir auch an die Firma, ist das in Ordnung?*

Hartmut: *Ja, das kannst du machen. Ich rufe dich an, wenn es angekommen ist.*

Sybille: *Auf den Anruf freue ich mich schon. Und wie geht es jetzt weiter? Wollen wir unseren Whatsapp-Verlauf löschen?*

Hartmut: *Das möchte ich eigentlich nicht. Es sind ja auch sehr schöne Erinnerungen.*

Sybille: *Da hast du recht. Und vielleicht stellt sich ja heraus, dass deine neue Flamme doch nicht die Richtige ist. Dann weißt du ja, wo und wie du mich findest.*

Hartmut: *Kann durchaus sein. Vielleicht melde ich mich ja schon in drei Wochen oder so. Schreibe mir aber bitte, wenn du inzwischen jemanden kennengelernt hast. Ich möchte da nirgendwo reinpoltern.*

Sybille: *Ja, so machen wir das. Vielleicht höre ich bald von dir.*

Hartmut: *Mach`s gut.*

Am folgenden Tag versehe ich die Rückseite meines gemalten Sonnenuntergangs mit der Widmung: „Für Hartmut … den Mann, den ich nie wirklich kennenlernen durfte und dem ich von ganzem Herzen ein traumhaft schönes Leben wünsche … mit wem auch immer".

S. P., 15. Mai 2023 [und meine Telefonnummer]

Dann schicke ich das Bild zusammen mit meinem Abschiedsbrief an Hartmut.

Lieber Hartmut!

Ich wünsche dir, dass deine Suche erfolgreich sein wird und du den Menschen findest, mit dem du die Sonnenuntergänge genießen kannst und mit dem du bis ans Ende deines Lebens glücklich sein wirst.
Vielleicht führt dich deine Suche auch noch einmal zu mir.

Auch ich wünsche mir, dass ich noch einmal bedingungslos lieben kann. Ich möchte meine Arme und mein großes Herz öffnen für einen Mann, in dessen Augen ich den tiefen, ehrlichen Wunsch nach einer Frau an seiner Seite sehe für den gemeinsamen Weg bis zum letzten Schritt.
Ich brauche keinen Mann, der ein Haus in Skandinavien und einen Camper besitzt. Wenn ich das möchte, kann ich mir das mieten! Ich suche den Mann, dem diese Dinge gefallen und der das mit mir gemeinsam erleben und genießen möchte.
Vielleicht darf ich dir irgendwann – bald – doch noch in die Augen schauen, was mir ja bisher verwehrt geblieben ist, da ich hier nur im Internet und Telefon festhänge.
Unser beider Suche ist noch nicht abgeschlossen und ich glaube daran, dass sie uns zusammenführen wird.

Wir werden es wissen, wenn es so weit ist …